Mosaik bei
GOLDMANN

Buch

Petze, Intrigantin oder Zicke, Langweiler, Planer oder Schweiger – die Liste der merkwürdigen Gestalten am Arbeitsplatz ist lang. Manchmal glaubt man, die Zusammenarbeit mit ihnen sei schier unmöglich – doch wenn man einmal genauer hinsieht, kommt es nur darauf an, die Typen zu durchschauen und auch ihre liebenswerten Eigenheiten zu entdecken. Dann ist es auch ein Leichtes, die richtigen Umgangsformen und Methoden zu finden, um miteinander auszukommen und gut zusammenzuarbeiten.
Margit Schönberger, Autorin des Erfolgstitels »Mein Chef ist ein Arschloch« und anerkannte Expertin für das zwischenmenschliche Treiben im Büro, hat 20 weibliche und 20 männliche Kollegen-Typen analysiert und schildert humor- und verständnisvoll ihre starken und schwachen Seiten. So kann jeder die eigenen Kollegen wiedererkennen und sich den Bürostress von der Seele lachen.

Autor

Margit Schönberger ist Journalistin und Autorin mehrerer erfolgreicher Sachbücher. Sie war lange Zeit Leiterin der Presse- und Öffentlichkeitsarbeit einer großen Verlagsgruppe und hat sich dann als Literaturagentin selbstständig gemacht. Sie ist verheiratet und lebt in München.

Von Margit Schönberger außerdem bei Mosaik bei Goldmann
Mein Chef ist ein Arschloch, Ihrer auch? (39053, 16649)
Das Chef-Wörterbuch (39113)
Wir sind rund, na und? (16505)
Das kleine Buch der Laster (16683)

Margit Schönberger

Wer Kollegen hat, braucht keine Feinde mehr

Überlebenstraining fürs Büro

Mosaik bei
GOLDMANN

Widmung
Gewidmet allen meinen Kolleginnen und Kollegen,
die ich im Laufe meines Berufslebens getroffen habe,
von denen ich lernen, mit denen ich mich
messen, freuen und streiten durfte.
Sie sind Teil meiner Erfahrungen über das Leben,
und dafür danke ich ihnen.

FSC

Mix
Produktgruppe aus vorbildlich
bewirtschafteten Wäldern und
anderen kontrollierten Herkünften

Zert.-Nr. SGS-COC-1940
www.fsc.org
© 1996 Forest Stewardship Council

Verlagsgruppe Random House FSC-DEU-0100
Das für dieses Buch verwendete FSC-zertifizierte Papier *Munken Print*
liefert Arctic Paper Munkedals AB, Schweden.

2. Auflage
Vollständige Taschenbuchausgabe Juni 2008
© 2006 Wilhelm Goldmann Verlag, München,
in der Verlagsgruppe Random House GmbH
Umschlaggestaltung: Design Team München
nach einem Entwurf von Eisele Grafik-Design
Illustrationen: Christin Ogger
Redaktion: Annette Baldszuhn
Satz: Uhl + Massopust, Aalen
Druck und Bindung: GGP Media GmbH, Pößneck
WR · Herstellung: IH
Printed in Germany
ISBN 978-3-442-17004-3

www.mosaik-goldmann.de

Inhalt

Vorwort

Als ich noch so jung war, dass ich es Abend für Abend kaum erwarten konnte, am nächsten Morgen wieder ins Büro gehen zu dürfen, beobachtete ich an den Samstagen in der 18-Uhr-Vorstellung unseres Vorstadtkinos fasziniert die merkwürdigen Abendrituale amerikanischer Großstadtmenschen made in Hollywood. Rock Hudson bekam von Doris Day jedes Mal, wenn er nach Hause kam, einen Martini serviert. Auch Cary Grant wurde sehnsuchtsvoll von seiner Film-Ehefrau mit einem Glas in der Hand erwartet. Sogar Jack Lemmon, der sich in dem wunderbaren Film »Ein seltsames Paar« bei Walter Matthau einquartierte, hielt sich an diesen – mir damals völlig unbekannten – Feierabendbrauch.

Seither sind etliche Jahre vergangen, und ich weiß längst, wie der Longdrink namens Martini-Cocktail schmeckt, den sich meine Helden von damals und die schönen Frauen an ihrer Seite gegönnt haben, um einen langen Arbeitstag und die mit ihm verbundenen Anstrengungen hinunterzuspülen. Und nach 40 Berufsjahren weiß ich auch, warum die Barbesitzer auf der ganzen Welt die Stunde zwischen Büroschluss und Beginn des Abends »Happy Hour« genannt haben. Wenn es tatsächlich so sein sollte, dass dem Glücklichen keine Stunde schlägt, so gibt es doch eine, die den Müden, den Erschöpften und den vielleicht sogar Unglücklichen schlägt. Nämlich die Stunde zwischen sechs und sieben Uhr abends. Da kann man sie sitzen sehen auf ihren Hockern, um einen hufeisenförmigen Tresen versammelt, vor einem Drink meditierend. Jeder Einzelne im Lichtkegel einer über ihm montierten Lampe, jeder Einzelne im Spot seiner inneren Tages-Endabrechnung. Als ich diese nachdenklich-erschöpfte Stunde der Stille, die nur vom Gläser- und Eiswürfelgeklirre des Barkeepers unterbrochen wird, zum ersten Mal bewusst miterlebt und beobachtet habe, erinnerte ich mich an die Küken meiner Großmutter: wie sie sich immer unter der Wärmelampe zusammendrängten. Die Rede ist von der Stunde, während der unser Berufs- und unser Privatleben aneinander stoßen. Und damit der Stoß nicht zu abrupt und hart ausfällt, ist – in Ermangelung von Doris Day oder Jack Lemmon – die »Happy Hour« erfunden worden.

Wobei auch das schon fast wieder Hollywood ist, denn die meisten Menschen stürzen abends aus dem Büro, holen ihre Kinder aus Tagesstätten ab, quetschen sich in die U- und Straßenbahn, drängeln sich im Supermarkt, schleppen volle Einkaufstüten die Treppen hoch und fangen ihr ganz privates Lebensmanagement an, nachdem sie das berufliche noch in allen Knochen spüren. Und am nächsten Morgen das Ganze wieder in umgekehrter Reihenfolge.

Wie gut, dass wir die Stunden zwischen Tagesanfang und Abend nicht alleine verbringen müssen. Das, was uns abends in den Knochen sitzt – sei es nun Müh und Plag oder auch Freude und Erfolg –, das teilen wir mit mehr oder weniger Menschen.

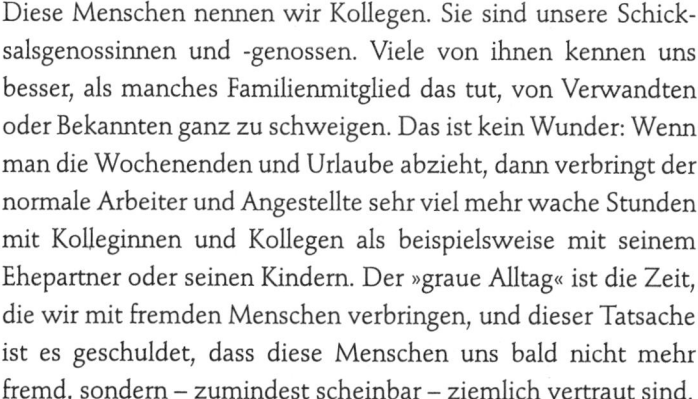

Diese Menschen nennen wir Kollegen. Sie sind unsere Schicksalsgenossinnen und -genossen. Viele von ihnen kennen uns besser, als manches Familienmitglied das tut, von Verwandten oder Bekannten ganz zu schweigen. Das ist kein Wunder: Wenn man die Wochenenden und Urlaube abzieht, dann verbringt der normale Arbeiter und Angestellte sehr viel mehr wache Stunden mit Kolleginnen und Kollegen als beispielsweise mit seinem Ehepartner oder seinen Kindern. Der »graue Alltag« ist die Zeit, die wir mit fremden Menschen verbringen, und dieser Tatsache ist es geschuldet, dass diese Menschen uns bald nicht mehr fremd, sondern – zumindest scheinbar – ziemlich vertraut sind.

Unsere Kolleginnen und Kollegen sind es, die unsere beruflichen »Sternstunden«, unsere Erfolge und ebenso unser Versagen hautnah miterleben. Wie gut, dass sie fast nie dabei sind, wenn wir diese Erlebnisse und Geschehnisse am Abend unseren Partnern oder Freunden schildern. Sie würden sich oft verwundert die Augen reiben oder uns gar korrigierend ins Wort fallen, weil sie es nicht fassen könnten, wie sehr sich unsere Berichterstattung von dem unterscheidet, wovon sie unmittelbare Zeugen waren. Dabei ist es wichtig und vielleicht für die Seelenhygiene des einen oder anderen sogar unverzichtbar, die Realität des Vorgefallenen ein wenig zu modifizieren, sie gewissen Wunschvorstellungen von sich selbst und seinen Verhaltensweisen anzupassen. Der Wahrheit ins Gesicht zu blicken – zumal der, die einen selbst betrifft –, ist nicht immer ganz leicht. Und die wünschenswerte Schlagfertigkeit ist – wie wir alle aus Erfahrung wissen – ein rares Geschenk der Gunst der Stunde. Geistesblitze gibt es nicht im Dutzend billiger. Deshalb fällt abends auch so oft der berühmte Satz: »Verdammt, warum ist mir das (was der Partner nach Anhörung des »Tagesberichts« spontan als guten Konter in einer bestimmten Situation vorschlägt) in dem Moment bloß nicht eingefallen?« Manch eine geplagte Seele geht so weit, beim »tagesbereinigenden« Erzählen in der Sicherheit der eigenen vier Wände schlicht und einfach eine besonders tolle Erwiderung zu erfinden. Diese Art beschönigender Lügen breitet ein gnädiges Tuch über die nicht stattgefundenen Großtaten und entschädigt in sanftem Selbstbetrug für erlittene Blessuren.

Am nächsten Tag treffen wir wieder auf unsere Kollegen, die die Wahrheit kennen, die hinter unseren Storys steckt. Da dieses Wissen jedoch auf Gegenseitigkeit beruht, ist es in gemeinsamem Einverständnis besser zu ertragen. Außerdem gibt es ein probates Hilfsmittel, das jedem Arbeitnehmer das Leben in der Firmengemeinschaft erleichtert, manchmal sogar versüßt: Wenn wir morgens durch das Firmenportal strömen, setzen wir alle ganz bestimmte Masken auf, hinter denen wir uns gut versteckt glauben. Das ist zwar in den seltensten Fällen ein bewusster Vorgang, aber er findet statt.

So gesehen – und das ist wirklich nur leicht übertrieben – gleichen unsere Arbeitstage ein wenig den Inszenierungen von Maskenbällen. Einige haben sich die Typen, die sie darstellen, selbst ausgesucht, andere haben die Rollen angenommen, die man ihnen zugewiesen hat, und wiederum andere müssen mit dem vorliebnehmen, was kein anderer sein wollte.

Damit jetzt nur kein Missverständnis aufkommt – natürlich wird von Montag bis Freitag (mancherorts auch samstags) hart gearbeitet. Da spielt kein Orchester zum Tanz (manchmal vielleicht die Fiedel des Chefs, die zu schnellerem Tempo zwingt),

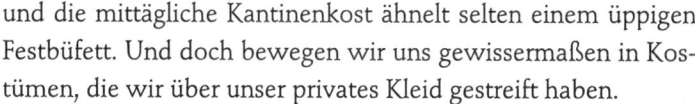

und die mittägliche Kantinenkost ähnelt selten einem üppigen Festbüfett. Und doch bewegen wir uns gewissermaßen in Kostümen, die wir über unser privates Kleid gestreift haben.

Unsere Masken sind einzig und allein dazu da, um Distanz zwischen uns, unserem empfindsamen Inneren und der Außenwelt – den anderen – herzustellen. (Auch die ganz normale, für jegliches Zusammenleben notwendige Höflichkeit ist ja nichts anderes als ein kulturelles Hilfsmittel, um halbwegs miteinander auszukommen.) Hinter den Rollen, die wir uns zulegen, um uns zu schützen oder zu verstecken, blitzt manchmal durch, wer wir wirklich sind. Was wir wollen, wonach wir uns sehnen, wie wir die Welt sehen oder wie wir sie gern haben möchten. Wenn man ein bisschen was über diese Masken weiß, wird das Miteinanderleben und -arbeiten sehr viel leichter. Denn die aufgesetzten Masken verführen seltsamerweise dazu, unsere Kollegen im Stress und Gewühle des Arbeitstages 1:1 als das zu sehen, was sie darstellen.

Nun muss niemand erschrecken. Frau Meier, die Ihnen seit fünf Jahren am Schreibtisch gegenübersitzt, ist immer noch Frau Meier und kein maskiertes Monster. Aber vielleicht erkennen Sie sie in einem der in diesem Buch geschilderten Kollegen-Typen wieder und verstehen dann besser, warum Frau Meier so nahe am Wasser gebaut hat und was dahintersteckt. Und vielleicht haben Sie ja auch eine Kollegin, die bei der geringsten Kleinigkeit schnappt und keift? Dann finden Sie sie in diesem Buch im Kapitel über die »Beißzange« und erfahren einiges über die Gründe für ihr Verhalten und dass es sich nicht gegen Sie und die anderen Kollegen richtet, sondern gegen eine Situation, die zu bereinigen Sie vielleicht sogar mithelfen können.

Das ist der Grund, weshalb ich nach so vielen Berufsjahren dieses Buch geschrieben habe. Und der provokante Titel soll nicht etwa besagen, dass Kollegen automatisch Feinde sind. Sondern vielmehr, dass wir alle uns gelegentlich das Leben zwischen acht und fünf unnötig schwer machen, weil wir nicht genau genug hinschauen.

Wenn Sie sich dann noch beim Lesen der verschiedenen Typen und beim Wiedererkennen des einen Kollegen oder der anderen Kollegin, auch mithilfe des großen Kollegentests am Ende des Buches, ein wenig amüsieren, dann hätten sich meine Absichten voll erfüllt.

Margit Schönberger

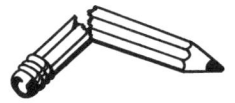

Die Ehrgeizige

Diese Kollegin ist ganz leicht zu erkennen: Ihr Arbeitsplatz ist stets (auch während sie daran arbeitet) penibel aufgeräumt – alles liegt und steht an seinem Platz. Die wenigen Häufchen auf dem Schreibtisch sind offensichtlich nicht zufällig da, wo sie sind, und selbst einem flüchtigen Betrachter dieser mit dem Lineal gezogenen Ordnung ist auf Anhieb klar, dass die Eigentümerin dieses Büros genau weiß, was sich in den Häufchen befindet. Und natürlich auch, welche Inhalte sich in den einzelnen Papieren verbergen. Aber das ist noch nicht alles: Diese ehrgeizige Kollegin weiß in Extremfällen sogar, welche Unterlagen sich derzeit auf den Schreibtischen anderer Kollegen befinden, manchmal sogar, wo dort.

Nein, nicht das, was Sie jetzt vermuten. Niemals würde sie fremde Büros durchwühlen, das ist nicht ihr Stil. Ihre Stärke ist eine scharfe Beobachtungsgabe und ein extrem gutes Gedächtnis. Gewohnheiten von Kollegen speichert die Ehrgeizige auf ihrer höchst aufnahmefähigen »psychologischen Festplatte«, und dort hat sie auch abgelegt, was wer wann zu welchem Vorgang geäußert hat. Besonders ausgeprägte Exemplare der Ehrgeizigen beherrschen es sogar, Texte, die ein Kollege vor sich liegen hat, blitzschnell vom Besucherstuhl aus – also quasi auf dem Kopf stehend – zu lesen oder sich zumindest Bruchstücke daraus einzuprägen. Dafür muss sie weder den Hals verrenken noch die Augen verdrehen.

Wissen ist Macht

Die Ehrgeizige ist ein wandelnder Radarschirm. Sie fügt alle sich ihr bietenden Informationen, ja selbst atmosphärische Schwingungen (auch der scheinbar unwichtigsten Art) Mosaiksteinchen für Mosaiksteinchen zusammen, bis sich ein umfassendes Firmensituationsbild ergibt. Eine Fähigkeit, um die sie mancher Chef beneiden könnte. Dieses Überblickwissen teilt sie mit niemandem, weshalb sie sich eher selten eng an Kolleginnen oder Kollegen anschließt. (Niemals geht sie mehr als zweimal hintereinander mit derselben Clique in die Kantine, damit sie keinesfalls einem Klüngel zugeordnet werden kann.) Wissen ist Macht, und die wird von der Ehrgeizigen ausschließlich für ihr eigenes Fortkommen, das heißt für ihren Aufstieg in der Firma, genutzt.

Sie ist klug genug, ihre umfassenden Informationen gut dosiert einzusetzen, sodass sich mögliche Gegner und somit Karrierehindernisse nicht zur Unzeit in ihren Weg stellen können. Zu Meetings erscheint die Ehrgeizige nicht mit Papierbergen, sondern mit schmalen Heftern, da sie notwendige Daten meistens im Kopf hat. Sie redet nicht ungefragt, versteht es aber perfekt, Situationen zu schaffen, die eine Frage an sie unumgänglich machen, und legt Brosamen ihres angesammelten Wissens auf geschickte Weise gelegentlich anderen in den Mund (»Wie

Kollege XY schon zu Anfang unseres Projektes erwähnte ...«), um auf diese Weise Teamfähigkeit vorzuspiegeln und Beliebtheitspunkte zu sammeln.

Firmenfortbildungen nimmt die Ehrgeizige nur selten und wenn, dann lediglich aus taktischen Gründen wahr – sie eignet sich notwendige Zusatzkenntnisse außerhalb der Firma und auf eigene Rechnung an (um bereits darüber zu verfügen, wenn sie gefragt sind).

Freundlich, aber zurückhaltend

Kollegen gegenüber ist die Ehrgeizige freundlich und hilfsbereit, aber in der Gesamttendenz zurückhaltend. Über ihr Privatleben lässt sie wenig verlauten, aber immerhin doch so viel, dass es keinen Anlass für Kollegen gibt, neugierig zu werden, und sich unkontrollierbare Gerüchte entwickeln könnten. Sie lässt bei passender Gelegenheit wissen, dass sie einige Monate in London volontiert hat, Rom aufgrund mehrerer Urlaubsaufenthalte gut kennt und eine größere Wohnung sucht. Über den Beruf ihres Freundes (oder ob sie überhaupt einen hat) erfahren Kollegen jedoch nichts.

Taktisch klug

Sie lässt sich keine Termine beim Chef geben, sondern sorgt auf raffinierte Weise dafür, dass sie von ihm gerufen wird. Um das zu erreichen, lässt sie in Memos oder Protokollen winzige, scheinbar unwichtige Details weg, allerdings nur solche, von denen sie weiß, dass der Chef sich genau dafür interessiert. Die Gesamtqualität ihrer Papiere leidet nicht unter solchen Manipulationen.

Erst nachdem die Ehrgeizige aufgrund taktisch klugen Verhaltens befördert wurde – für die meisten Kollegen übrigens überraschend, ja fast aus heiterem Himmel –, wird sich herausstellen, was für ein Menschen-Typ sie wirklich ist. Wenn es ihr um den Aufstieg wegen der Sache und aus Freude am Beruf (oder auch nur am Geldverdienen) ging, wird sie eine gute, wenn auch nach wie vor zurückhaltende Chefin und Kollegin sein. Wenn ihr Ehrgeiz aber lediglich auf verstecktem, mangelndem Selbstbewusstsein und entsprechendem Machthunger basierte, könnte es sein, dass die Ehrgeizige jetzt andere Saiten aufzieht und ihr wahres Gesicht zeigt.

Das mag die Ehrgeizige

Lieblingsessen: gegrillter Fisch und Salate

Lieblingsgetränk: Mineralwasser

Lieblingsmusik: Bach

Lieblingslektüre: Memoiren jeglicher Art

Lieblingsfilme: mit den Marx Brothers

Wie geht man mit der Ehrgeizigen um?

Seien Sie freundlich und gelassen, erteilen Sie die Auskünfte, die sich aus der Zusammenarbeit ergeben, aber nicht mehr. Behalten Sie die Ehrgeizige im Blickfeld, damit Sie rechtzeitig wissen, wohin die Reise geht, und nicht überrascht werden, wenn sie eines Tages als Ihre Chefin zur Tür hereinspaziert. Absolutes Tabu: Keinen Klatsch und keine Gerüchte an diese Kollegin weitergeben, sonst werden Sie unbeabsichtigt zu einer Sprosse ihrer Karriereleiter.

Legen Sie keine falschen Informationsspuren – die Ehrgeizige würde es schnell merken und Sie ab sofort auf ihre geheime »schwarze Liste« setzen. Wenn es dann mit ihrer Karriere klappt, hätten Sie nichts zu lachen!

Die Geheimniskrämerin

Wer ihr eine Frage stellt, wird jedes Mal eine Gegenfrage ernten. »Ist der Chef da?«, fordert prompt ein »Warum wollen Sie das wissen?« heraus. Die Geheimniskrämerin saugt sogar die scheinbar nutzlosesten und unwichtigsten Informationen auf wie ein Staubsauger und gibt sie niemals wieder her. Sie sammelt Daten und Firmeninterna eifrig wie ein Backenhörnchen die Nüsse vor Winterbeginn, und selbst aufmerksame Beobachter dieses merkwürdigen Treibens können oft nicht erkennen, wofür und für wen sie diese Infos anhäuft.

Der Typ der Geheimniskrämerin ist häufig die Zweitbesetzung im Chefsekretariat, wo sie darauf wartet, dass »ihre Stunde« schlägt. Bis es jedoch so weit ist – was selten vorkommt (meistens muss sie sich mit Urlaubs- und Krankheitsvertretungen begnügen, um das Ruder im Vorzimmer des Chefs kurzzeitig übernehmen zu dürfen) –, rafft sie alles in ihren Augen Wissenswerte wie Dagobert Duck die Taler für seinen Geldspeicher.

Manch einem fährt eisiger Schreck in die Glieder, wenn sie ihre Anforderung dieser oder jener Aufstellung oder eines bestimmten Vorgangs mit leiser, emotionsloser Stimme durch den

Telefonhörer kommandiert. Nachfragen von wohlmeinenden oder auch klatschsüchtigen Kollegen aus dem Controlling beim Betroffenen: »Die ... hat heute deine Reisekostenabrechnungen vom August bei uns abgefordert, was war denn da?«, bringen selbst Hartgesottene zum Grübeln. Auf die direkte Frage an die Geheimniskrämerin, was hinter diesem Vorgang stecke (was sich aber kaum jemand jemals traut), bekäme man bestenfalls ein knappes »Gar nichts. Hat sich schon erledigt!« zur Antwort. Der wahre Hintergrund ist simpel: Ein achtlos und ganz nebenbei vom Chef hingeworfener Satz, an einen Dritten gerichtet, wie: »Ich möchte nur wissen, was der XY im August dauernd in Z getrieben hat. Nie war er da, wenn man ihn brauchte!«, versetzt die Geheimniskrämerin sofort in Aktivität. Vielleicht könnte sie aus einer Reisekostenabrechnung ja etwas herauslesen, was den Chef aufgrund seiner Frage interessieren würde. (Wenn er sie denn fragen würde.)

Nutzloses Wissen

Nun zu glauben, dieser Typ von Kollegin sei eine Zuträgerin oder Intrigantin, wäre weit gefehlt. Sie sammelt all dieses Wissen für den ersehnten Tag, an dem der Chef es braucht und bei ihr direkt abfragt. Was jedoch nie der Fall sein wird, weil ihr graumäusiges Verhalten keinen Chef der Welt auf die Idee brächte, dass die Zweitbesetzung in seinem Vorzimmer eine kleine Mata Hari ist. Und ihrer Kollegin, der Chefsekretärin und rechten Hand des Chefs (die sie selber gerne wäre – für die sie sich fälschlicherweise insgeheim sogar hält), würde sie ihr Wissen niemals verraten. So sieht die Geheimniskrämerin Chefsekretärin um Chefsekretärin (und so manchen Chef) an sich vorüberziehen, ohne je selbst aufzusteigen. Ihre Informationssammelwut mutiert auf diese Weise zum nutzlosen Selbstzweck. Sie wird Opfer ihrer eigenen Geheimniskrämerei.

Unbeliebt, aber unentbehrlich

Bei den Kollegen ist die Geheimniskrämerin aufgrund ihrer undurchschaubaren Art nicht beliebt, aber gelitten. Man weiß ja nie! Mitarbeiter, die schon lange bei der Firma sind und denen daher klar ist, dass seitens der Geheimniskrämerin keine wirkliche Gefahr droht, decken diese Tatsache den jüngeren Kollegen gegenüber bewusst nicht auf. Einerseits amüsieren sie sich über deren Verunsicherung, andererseits ziehen sie gelegentlich ihren eigenen Nutzen daraus, wenn einer von denen sich Hilfe suchend und fragend an sie wendet. (Nicht nur die Geheimniskrämerin weiß, dass jede Frage auch eine versteckte Information enthält!)

In der Kantine sucht sich die Geheimniskrämerin die Tischrunden gezielt (nach Brauchbarkeit) aus. Die meisten sind nicht erfreut, wenn sie sie kommen sehen, und versuchen daher, die Reihen rechtzeitig geschlossen zu halten (was ihnen aufgrund der Geschicklichkeit dieser Kollegin selten gelingt). Sie verhält sich in diesen Essenspausen meist freundlich-passiv und ist Zuhörerin, wirft lediglich manchmal ein Stichwort in die Runde, um das Gespräch in eine Richtung zu lenken, von der sie sich aktuell nützliche Informationen verspricht. Dann und wann setzt sie ein sphinxhaftes Lächeln auf oder wiegt bedenklich den Kopf, ergänzt durch angemerkten Zweifel wie »Sind Sie sich da sicher?« oder äußerst nervös machende Feststellungen wie »Da wäre ich an Ihrer Stelle lieber vorsichtig!«.

Bei Jubiläen oder anderen Anlässen, die in die Firmenvergangenheit zurückweisen, stellt sich die Geheimniskrämerin als unentbehrlich heraus. Wenn die Werbeabteilung wissen muss, wann die erste Maschine der Firma zum Patent angemeldet wurde, gibt es nur eine Nummer, die man als Erstes anwählt. Die Geheimniskrämerin zieht wortlos einen Ordner aus dem Regal und liefert die gewünschte Information präzise und prompt. Natürlich nicht, ohne ganz genau nachzufragen, wofür die Info benötigt wird. Sie weiß, wo der Geschäftsführer aus dem Jahr 1995 abgeblieben ist, in welcher Stadt er lebt und wo er heute arbeitet. Und auch, dass seine beiden Kinder inzwischen Medizin und Philosophie studieren. Das würde sie aber niemandem erzählen. Doch, einem, dem heutigen Chef natürlich. Aber der fragt sie nicht danach.

Das mag die Geheimniskrämerin

Lieblingsessen: Frankfurter Wüstchen mit scharfem Senf

Lieblingsgetränk: Apfelschorle

Lieblingsmusik: Ravels »Boléro«

Lieblingslektüre: Thriller und Spionageromane

Lieblingsfilm: »Der Schakal«

Wie geht man mit der Geheimniskrämerin um?

Wer in Frieden mit dieser Spionin ohne Auftraggeber leben möchte, sollte ihre Spleens und ihre Fragereien geduldig über sich ergehen lassen – es steckt ja meistens nichts dahinter. Aber Vorsicht: Nur ein wirklich gutes Gewissen ist tatsächlich ein sanftes Ruhekissen!

Wem ihre Art, nach Informationen zu bohren, allerdings auf den Geist geht, der revanchiert sich am besten, indem er permanent Gegenfragen stellt. Das richtige Stichwort bei (zu erwartender) Gegenwehr: »Ich habe zuerst gefragt!«

Die Betriebsnudel

Sie begegnet einem überall, selten jedoch an ihrem angestammten Arbeitsplatz. Sie ist fast immer fröhlich, offen und freundlich und trägt jederzeit einen flotten, manchmal sogar recht kessen Spruch auf den Lippen. Sie hat keine Angst vor dem Chef und behandelt ihn wie ihresgleichen. Ihre Heimat sind die Flure und Gänge der Firma, ihre Sehnsucht nach Klatsch ist geradezu unstillbar (aber selten bösartig). »Jetzt sag mal, aber ganz ehrlich!«, »Ich konnte es zuerst gar nicht glauben und hab meinen Augen fast nicht getraut!« und »Kennst du den schon?« sind ihre Standardsätze. Ihr Lieblingsrastplatz ist die Theke am Empfang, sozusagen ihre Informationszentrale. Es entgeht ihr auch nicht der unwichtigste Besucher, und sie ist eine Meisterin im Kombinieren.

Nicht immer zieht sie allerdings die richtigen Schlüsse aus ihren Beobachtungen und dem, was sie aufschnappt, denn tiefes Nachdenken ist nicht ihre Stärke. Dadurch arbeitet sie manchmal unbeabsichtigt den intriganten Kräften der Firma in die Hände. Oft genug findet sie sich daher inmitten eines beträchtlichen Kladderadatschs wieder, was sie völlig verstört. Mit großen Augen beteuert sie ihre Unschuld.

Lohnende Umtriebigkeit

Wenn sie Kolleginnen oder Kollegen besucht, setzt sich die Betriebsnudel gerne »auf ein Zigarettchen« in deren Büros fest und hält alle gnadenlos von der Arbeit ab. Kaum jemand wehrt diese Stippvisiten ab, weil die Betriebsnudel aufgrund ihrer Umtriebigkeit die Beliebtheitsskala der Mitarbeiter innerhalb der Firma festlegt und kommuniziert. Selbst in der Rangfolge Höherstehende tolerieren sie (nicht zuletzt) aufgrund dieses inoffiziellen Rankings. Auf diese Weise steuert sie nicht nur des Betriebsvolkes Meinung, sie verfügt auch über jede Menge Beziehungen, in deren Genuss die auf ihrer Liste der Lieblinge Stehenden kommen.

Dieser Kolleginnen-Typ arbeitet meist in Abteilungen, die mit Einkauf oder Organisation zu tun haben, sodass sich ihr ein natürliches Netzwerk bietet. Eine Hand wäscht die andere, und hilfst du mir, so helfe ich dir, lautet ihr treuherziges Lebensmotto. Wer sich auf ihre gesprächssüchtige Art und ihren manchmal etwas grob gestrickten Humor einlässt (wenigstens zum Schein), hat viele Vorteile: Da ist es schon mal möglich, für einen Tag an den Großmarktausweis der Firma zu kommen, von einem Schnäppchen zu erfahren oder an Eintrittskarten für ein eigentlich ausverkauftes Konzert.

Das raumgreifende Rabattsystem unserer Wirtschaft könnte von der Betriebsnudel erfunden worden sein. Es ist ihr unbegreiflich, wenn jemand den normalen Preis für eine Ware zu bezahlen bereit ist. Die Betriebsnudel ist mit dem Chauffeur des Chefs recht eng und kann arrangieren, dass er gegen ein kleines Trinkgeld den Winterreifenwechsel für einen Kollegen unter der

Hand miterledigt. Der Kantinenchef frisst der Betriebsnudel aus der Hand (weil sie ihm private Partyaufträge zuschanzt) und organisiert schon mal unter dem Siegel der Verschwiegenheit einen Schnäppchen-Einkauf von Weihnachtsgänsen für eine handverlesene Mitarbeiterschar, die zum engen Kreis der Betriebsnudel gehört.

Gutmütig und hilfsbereit

Wenn diese Kollegin mit viel Arbeit eingedeckt ist und längere Zeit ihren Rundläufen und Kurzbesuchen nicht nachkommen kann, wird sie manchmal sauertöpfisch bis bissig und scheucht jeden aus ihrem Büro: »Hier wird gearbeitet, kannst du das nicht sehen?« Das gibt sich jedoch rasch wieder, sobald der Stress vorbei ist, denn eigentlich besitzt sie ein gutmütiges Naturell und will einfach nur Spaß haben.

Nichts liebt die Betriebsnudel mehr, als um etwas gebeten oder nach etwas gefragt zu werden. Sie löst Computerprobleme im Nu, weil sie die Kollegen in der entsprechenden Abteilung kennt, sodass man schneller »bedient« wird; sie zieht immer Geschenkpapier und Glückwunschkarten aus den Tiefen ihrer Schubladen; und sie weiß auch, wo fensterlose Kuverts in größerer Stückzahl gebunkert sind und wie man an sie rankommt, ohne einen Antrag stellen zu müssen. Der solchermaßen Beglückte hat seinerseits meist (zumindest potenziell) auch irgendetwas zu bieten, und so ergibt sich ein schwunghaftes Waren- und Dienstleistungssystem, das in der »Außenwelt« oft seinesgleichen sucht.

Unerbittliche Stimmungskanone

Zur Karnevalszeit zwingt die Betriebsnudel selbst Schunkelmuffel mit sanfter Gewalt dazu, sich eine Pappnase aufzusetzen und Berliner zu futtern, schiebt einen in der Kantine organisierten dampfenden Punschkessel marketenderisch durch die Gänge, streut unermüdlich Konfetti, und am Aschermittwoch ist für sie noch längst nicht alles vorbei. Bei Betriebsausflügen ist sie die Erste im Bus, die das Mikrofon zur Hand nimmt, um den Gesang anzustimmen. Abends fordert sie den Chef zum ersten Tanz auf und springt zu später Stunde zur Band auf die Bühne, um ihre Version von »Es gibt kein Bier auf Hawaii« oder »Keine Sterne in Athen« zum Besten zu geben.

Bei Weihnachtsfeiern und Ausstandsfesten wird die Betriebsnudel oft sentimental und anschmiegsam und trinkt schon mal einen Schluck zu viel. Wer sich bei solchen Gelegenheiten die Mühe macht, mit kollegial-liebevollem Blick genauer auf sie zu schauen, kann erkennen, dass sie eigentlich nur nach Zuwendung hungert und eine Neigung zur Depression hat. Wer sie dann in den Arm nimmt, wird ihr Freund auf ewig.

Das mag die Betriebsnudel

Lieblingsessen: Gulaschsuppe

Lieblingsgetränk: was gerade da ist

Lieblingsmusik: Schunkellieder und deutsche Schlager

Lieblingslektüre: »Der Pferdeflüsterer«

Lieblingsfilme: mit Dick und Doof

Wie geht man mit der Betriebsnudel um?

Jede richtige Firma braucht eine Betriebsnudel, sonst wäre der Alltag öde und grau. Seien Sie also froh, dass es in Ihrer Firma eine Betriebsnudel gibt. Es ist ein Zeichen von gesundem Betriebsklima, genauso wie es in einem gesunden Garten bestimmte nützliche Tierchen gibt. (Ihr Fehlen wäre ein ökologisches Alarmsignal!)

Wenn Ihnen die Betriebsnudel manchmal auf die Nerven geht, gibt es nur ein Rezept: kurz mitspielen und plötzlich mit dem Ausruf »Um Gottes willen, ich hätte ja schon vor einer Viertelstunde Meier & Co. anrufen müssen. Das gibt ein Unglück!« davonstürzen. Der Hinweis auf Ärger befriedigt die Gier der Betriebsnudel nach lebensprallen Storys und sichert Ihnen Sympathie.

Die Dozentin

Diese Kollegin ist auf ihrem Gebiet höchst kompetent und tüchtig, was allgemein anerkannt ist. Trotzdem beginnt eine wilde Flucht nach allen Seiten, wenn sie irgendwo auftaucht. Die Dozentin ist Gift für jede Konferenz, weil sie in ihrer Detailverliebtheit jeden Zeitrahmen sprengt und nicht in der Lage ist, ihr Wissen und ihre Angelegenheiten in komprimierter Form vorzutragen.

Sie ist oft in Vertrags- oder Rechtsabteilungen angesiedelt, wo sie es mit komplexen Fachgebieten und durchaus folgenschweren Entscheidungsfindungen zu tun hat. Ihre Memos gleichen manchmal kleinen Doktorarbeiten, und Chefs lesen sie daher nur ungern, wenn überhaupt. Das Ergebnis ist ein fatales, da man die Dozentin von Meetings und Planungsgesprächen fernhält, so oft es nur geht. Dadurch werden ihre Belange meistens nicht berücksichtigt, was im Betriebsalltag nicht selten zu Verwicklungen, ja sogar zu größeren Problemen führt. Es ist schon vorgekommen, dass bei Umzügen nicht bedacht wurde, dass die Dozentin aufgrund ihrer Aufgaben beispielsweise einen Archivraum oder einen zweiten Schreibtisch für Aushilfen benötigt, weil man sie bewusst nicht informiert hat.

Vor solche lieblosen Tatsachen gestellt, neigt die Dozentin zur Verbitterung und zur Schmallippigkeit. Fehlplanungen und psychologische »Kontaktsperren« dieser Art fördern natürlich auch ihr ständiges Jammern darüber, wie sehr die Betriebskultur, die Firmenatmosphäre, das Verantwortungsbewusstsein und die Arbeitsqualität in diesen Zeiten – in denen ihrer Meinung nach nur Halbwilde in leitende Positionen kommen – leiden, ja geradezu »verkommen«.

Ausufernde Informationswut

Die Dozentin ist der weibliche »Inspektor Columbo« unter den Angestellten-Typen: Sie macht nach Beendigung eines ohnedies meist ausufernden Arbeitsgesprächs an der Tür mindestens noch zwei-, dreimal kehrt, um auf einen weiteren Aspekt der besprochenen Angelegenheit hinzuweisen.

Die Erfindung der Power-Point-Präsentation ist der Dozentin ein Gräuel, weil die Hintergründe der Hintergründe darin keine Berücksichtigung finden können. Sie ist eine Meisterin der kommentierten Statistiken mit einem Wald von meterlangen Fußnoten und druckt alles, was ihr Computer an Bits und Bytes zu bieten hat, mehrfach aus, damit im Falle eines weltweiten Netzausfalls keine Informationen verloren gehen. Dem Kalender- und Terminassistenten des Computers traut sie grundsätzlich nicht und arbeitet daher mit prall gefüllten Bergen von Termin- und Unterschriftsmappen, die sich in ihrem Büro türmen.

Für Azubis ist die Dozentin ein – wenn auch schwer auszuhaltender – Glücksfall, da es kaum jemanden in der Firma gibt, der Zusammenhänge besser und ausführlicher darlegen kann als sie. Jungmanager neigen dazu, die Dozentin möglichst ganz oder zumindest aus ihrem näheren Dunstkreis zu entfernen, und berauben im ersteren Fall die Firma dadurch eines meldesicheren betrieblichen »Feueralarmsystems«.

Abwägend und übervorsichtig

Die Dozentin ist oft Single und widmet sich mit Haut und Haar den Belangen der Firma, als sei diese ein Teil von ihr. Ihre Hauptwesenszüge sind Vorsicht und Sicherheitsabwägung. Auf die Frage: »Was schätzen Sie, haben wir da eine Chance?«, wird sie stets antworten: »Da muss ich mich erst schlau machen.« Auch durch das bettelnde nachgesetzte: »Aber ein ungefähres Gefühl haben Sie doch sicher aufgrund Ihrer Erfahrung. Ich nagle Sie auch bestimmt nicht fest!«, lässt sie sich nicht erweichen und zu einer Auskunft hinreißen. Womit sie Planer und Vorwärtsstrategen regelmäßig zur Weißglut bringt.

Worte wie »ungefähr«, »circa« oder »in etwa« kommen in ihrem Sprachschatz nicht vor, und die Formulierung »mit einem hohen Grad an Wahrscheinlichkeit« ist für sie das Synonym für den Begriff »vage«. Sobald sie sich rundum informiert hat, ist die Zeit der Wortkargheit wieder vorbei, und sie hält weitschweifende und weltumfassende Vorträge, in denen sie vom Hölzchen aufs Stöckchen kommt.

Leitfigur der Unzufriedenen

Von vielen Kollegen wird die Zuverlässigkeit der Kernaussagen der Dozentin zwar hoch geschätzt, auch wenn man allgemein findet, dass sie die Welt viel zu kompliziert sieht und man durchaus auch mal fünfe gerade sein lassen sollte. Einigen geht die ewige Schwarzmalerei und Skepsis der Dozentin gehörig auf die Nerven, und sie schlagen ihre Warnungen manchmal in den Wind. Ihr Satz: »Haben Sie dafür auch die Rechte eingeholt? Das kann uns eine Klage einbringen, weil laut Vertrag ...«, ist legendär und wird hinter ihrem Rücken nachgeäfft.

Aufgrund ihrer gelegentlichen Verbitterung sammeln sich häufig die Unzufriedenen in der Firma um die Dozentin. Sie fühlen sich gemeinsam unverstanden und halten sich für das »Fähnlein der Aufrechten«, wenn sie mittags in der Kantine betriebliche Kalamitäten und Gewitterwolken am Firmenhorizont heraufziehen sehen, während ihre Leitfigur darüber doziert, wie man das verhindern könnte.

Das mag die Dozentin

Lieblingsessen: Tafelspitz

Lieblingsgetränk: Johannisbeersaft mit Sprudel

Lieblingsmusik: Wagner-Opern

Lieblingslektüre: Gerichtsromane

Lieblingsfilme: Hans-Moser-Filme

Wie geht man mit der Dozentin um?

Es gibt zwei Arten, wie man mit diesem nützlichen Quälgeist am besten umgeht: Entweder man nimmt sich einmal im Monat für diese Kollegin Zeit und befragt sie dabei auf Herz und Nieren nach einer Angelegenheit, die einen wirklich interessiert. Daraus kann man unendliche Vorteile ziehen, auch wenn man die Dozentin immer wieder mühsam auf den Ursprung des Abgefragten zurücklenken muss.

Oder man lässt sie in Meetings und Konferenzen abblitzen, verspricht ihr aber: »Am nächsten Dienstag setzen wir beide uns mal ausführlich entre nous zusammen.« Das befriedet die Sache für den Moment, und der Dienstag ist noch weit ... Wer weiß, was an diesem Tag los ist. Öfter als drei Mal sollte man dieses Spielchen aber nicht spielen. Das wäre wirklich unfair.

Die Atemlose

Die Protagonistin im Film »Lola rennt« ist eine Schnecke gegen die Atemlose. Schon morgens steht sie unter Strom und kommt mit wehendem Mantel und sich auflösender Frisur in allerletzter Minute ins Büro gestürmt. Die Erfindung der Uhr und die menschliche Denkkonstruktion von »Zeit« ist das ganz persönliche Lebensunglück der Atemlosen. Ihr Tag hat – so scheint es – nur zweiundzwanzig Stunden, und um das auszugleichen, macht sie ständig mehrere Dinge gleichzeitig.

Während sie sich bei Dienstantritt aus dem Mantel schält, gießt sie Wasser in die Kaffeemaschine (vergisst aber, Kaffeepulver in den Filterbehälter zu füllen), schaltet ihren Computer ein und stopft sich dabei noch hastig die Bluse in den Rock. Während sie versucht, vor dem Spiegel ihre widerspenstige Hochsteckfrisur in den Griff zu bekommen, die Haarnadeln zwischen die Lippen geklemmt, angelt sie nach dem Telefonhörer (das Telefon läutet schon, seit sie ihr Büro betreten hat), meldet sich murmelnd und sieht dabei mit Schrecken, dass durch die Kaffeemaschine nur heißes Wasser läuft. Dieser Arbeitsbeginn ist wie ein Versprechen. Ein Versprechen, dass es genauso weitergeht. Was es auch tut.

Selbst herbeigeführte Überlastung

Die Atemlose hat alle ihre Aufgaben im Kopf, aber nicht im Griff. Noch nie hat jemand sie in normalem Tempo auf den Gängen der Firma gehen sehen. Der Laufschritt und das entsprechende Stakkato ihrer Absätze erinnern an ein Steppentier auf der Flucht und kündigen ihr Herannahen schon von weitem an. Manche Kollegen erheben sich bei diesem Geräusch rasch von ihrem Stuhl und kommen an die Tür, um ihr die Papiere, die sie abholen will, entgegenzutragen.

Die Atemlose ist bei den meisten Kollegen beliebt, weil sie äußerst hilfsbereit ist, ihnen so manche zusätzliche Aufgabe freiwillig und ungebeten abnimmt und ganz offensichtlich von ihrem Chef bis aufs Blut ausgenützt wird. Sie empfinden Mitleid mit dieser Kollegin, die ihnen so oft aus der Arbeitspatsche hilft und jeden Tag gezwungen ist, bis an das absolute Limit ihrer Kräfte zu gehen. Der wehe Blick ihrer Rehaugen und das schmerzliche Lächeln, das manchmal ihre Lippen umspielt, verführen dazu, sie tröstend in den Arm nehmen zu wollen. Was nicht geht, weil sie gleich wieder weg ist. Man kann ihr auch gar nicht böse sein, wenn sie mal wieder etwas »verbaselt« – bei dieser ständigen Überlastung.

Wenn sie sieht, dass jemand in Zeitnot ist, bietet sie von sich aus an, Unterlagen in eine andere Abteilung mitzunehmen, zu der sie ohnedies unterwegs ist. Dass sie die Sachen dann am Empfang versehentlich liegen lässt (wo sie vorher noch schnell vorbeilaufen musste), kann schon mal vorkommen in dem ganzen Stress. Dumm nur, dass man dort tagelang nichts damit anzufangen weiß und das Kuvert einfach herumliegen lässt.

Aber die Dämlichkeit und das Desinteresse der Leute am Empfang sind ja bekannt – und dafür kann die Atemlose schließlich nichts.

Bedauert und gehätschelt

Die Atemlose kämpft ständig einen schier aussichtslosen Kampf gegen die Technik. Ihr Computer stürzt öfter ab als alle anderen und hat auch schon mehrfach seinen Geist aufgegeben, weil er in einem See von umgekipptem Kaffee abgesoffen ist. An manchen Tagen zieht sie eine Spur von Papierstaus aller Fotokopierer in der Firma quasi hinter sich her. Während sie zum nächsten Gerät eilt, ruft sie den Kollegen durch die Tür zu: »Bitte nicht böse sein, der Kopierer spinnt, ich kann's jetzt nicht richten. Hab was Eiliges für den Chef!«

Mittags in der Kantine wird sie dann von allen bedauert und gehätschelt: »Bleib endlich mal ruhig sitzen. Ich bring dir dein Essen mit!« Dann kommt sie für einen Moment zum Durchschnaufen und hört dankbar zu, wenn ihre Kolleginnen sie zum hundertsten Mal auffordern, beim Chef eine Hilfskraft anzufordern, weil es so keinesfalls weitergehen könne. »Darauf lässt der sich doch nie ein!«, wiegelt sie regelmäßig ab und springt erschrocken auf: »Um Gottes willen! Ich hab vergessen, seine Flugtickets abholen zu lassen! Und er braucht sie in einer Stunde!« Sie stürzt davon und lässt die Kollegen kopfschüttelnd zurück. Nicht ohne dass die sich anschließend kräftig das Maul über den Chef der Atemlosen zerreißen, der in seiner eiskalten Art einfach nicht einsieht, dass man diese tüchtige Frau nicht dermaßen verschleißen darf. (Die Atemlose ist ein Imagekiller für alle Chefs, die sich nicht die Zeit nehmen, das chaotische Wesen an ihrer Seite zu disziplinieren.)

Raffinierte Taktik

Die Atemlose gerät meistens nicht – wie man vermuten könnte – durch beruflich-private Doppelbelastung so außer Puste. Es liegt in ihrer nervösen Natur, der Zeit und dem Leben ständig davon- oder hinterherzurennen. Statt den Dingen ruhig ins Auge zu schauen, verfällt sie in demonstrative Hektik, weil Hastigkeit Fehler eher entschuldigen lässt. Und da Fehler zu machen ihre größte Angst ist (sodass ihr gar nichts anderes übrig bleibt, als ständig welche zu machen), hat sie mit ihrer Atemlosigkeit ganz unbewusst eine raffinierte Taktik entwickelt, genau dafür geliebt zu werden. Die Atemlose ist eine Landplage, aber kaum einer merkt es.

Das mag die Atemlose

Lieblingsessen: Hamburger

Lieblingsgetränk: Coca Cola

Lieblingsmusik: Rap

Lieblingslektüre: Comics

Lieblingsfilme: Komödien mit Otto

Wie geht man mit der Atemlosen um?

Im Umgang mit dieser nervösen Gazelle ist Hopfen und Malz verloren. Niemand wird dieses typische Büro-Gewächs je ändern, weil ihre flatternde Art ein Lebenskonzept ist. Wer das durchschaut, aber trotzdem freundlich bleibt, hat schon viel gewonnen.

Dieser Kollegin sollte man nichts Wichtiges anvertrauen und außerdem aufhören, sie ständig zu bedauern. Falls sie überhaupt bemerkt, dass Ihr Mitgefühl nachlässt, wird sie sich garantiert ein anderes Publikum für ihre selbstinszenierten Mini-Dramen suchen.

Die Schmeichlerin

Sie ist ein engelsgleiches Wesen von angenehmem Äußeren und einem ebensolchen Verhalten. Diese Person hat keinerlei Ecken und Kanten, sie ist so sanft und flauschig wie ihre oft pastellfarbenen Kaschmir- oder Angorapullis. Ihr Händedruck ist weder zu fest noch zu lasch, mit ihrem strahlenden Lächeln und ihrem offenen Blick nimmt sie jeden sofort für sich ein.

Die Schmeichlerin versteht es auf unnachahmliche Art, selbst einen notwendigen Widerspruch so zu verkleiden, dass er zur Zustimmung wird – was jeden Kollegen oder Chef natürlich über alle Maßen entzückt und in seinem Ego bestärkt. Die Schmeichlerin besitzt großes psychologisches Talent und hat ein Sensorium für die Schwächen anderer, die sie gekonnt in Zuckerwatte packt, um Sympathie zu ernten.

(Fast) grenzenlose Anpassungsfähigkeit

Dieser Kolleginnen-Typ ist quer durch alle Firmenressorts anzutreffen, aber vorwiegend in Abteilungen mit regem Kundenkontakt. Die Schmeichlerin ist zuverlässig und hilfsbereit und wegen ihrer Anpassungsfähigkeit überall beliebt. Selbst Skeptiker, die aufgrund ihrer Lebenserfahrung zu wissen glauben, dass es so viel ausgeglichene und nie nachlassende Freundlichkeit gar nicht geben kann, erliegen ihrem umwerfenden Charme.

Ganz selten blitzt eine etwas härtere »innere Gangart« im Wesen der Schmeichlerin nach außen durch, und zwar dann, wenn man ihr Arbeiten übergeben möchte, für die sie sich nicht zuständig fühlt, oder wenn man sie mit einem Konflikt konfrontiert, auf den sie nicht vorbereitet ist. Dann huscht kurz eine Verfinsterung über ihr Gesicht, und ihre sanfte, fast einlullende Stimmlage wird kälter, bevor sie sich in Sekundenbruchteilen wieder fängt. Mit einem Lächeln beteuert sie sogleich, dass es ihr gerade nicht so gut gehe, worunter ihre Reaktionsschnelligkeit leide. Die angediente Mehrarbeit kommentiert sie folgendermaßen: »Ich werde alles versuchen, dass ich es so schnell wie möglich dazwischenschieben kann. Du hast ohnehin einiges gut bei mir!« (auch wenn dem gar nicht so ist). Und den Konflikt umgeht sie mit dem Hinweis: »Ich bin völlig überrascht und muss das erst einmal richtig einsortieren. Das kannst gerade du sicher verstehen, du kennst mich ja mit am besten!« (Auch wenn das gar nicht stimmt).

Süchtig nach Harmonie

Ist die Schmeichlerin in der Firma unterwegs, steckt sie da und dort den Kopf durch die Tür, registriert eine schicke neue Krawatte, hebt den Daumen, um eine neue Frisur gutzuheißen, umarmt und küsst einen vom Urlaub Zurückgekehrten (natürlich nicht, ohne seine Bräune zu bewundern), bedankt sich bei einer Kollegin für einen geleisteten Liebesdienst (der eigentlich gar keiner war, weil sie einfach nur ihre Aufgabe erfüllt hat) – kurzum, sie verbreitet eitel Sonnenschein.

In Meetings versäumt die Schmeichlerin nie, ihren Vorrednern für Anregungen, gute Ideen und Unterstützung zu danken und ihr Lob sogar für Leistungen auszusprechen, die eigentlich der Rede gar nicht wert sind. In echten Krisensituationen (in denen Harmonisierungsversuche eher kontraproduktiv wirken können) wird die Schmeichlerin merklich stiller und verdrückt sich, wenn es irgendwie geht. Wenn ihr das nicht gelingt, vermeidet sie jedoch eine klare Stellungnahme, falls sie sich damit gegen eine anwesende Person wenden müsste. Sie ist ungern Zeuge von Streit – solche Situationen meidet sie wie der Teufel das Weihwasser.

Kommunikationsfreudig und ideenreich

Die Schmeichlerin liebt es zu feiern, weil sie dann ihr positives Kommunikationstalent am besten ausleben kann. Sie fasst ihr jeweiliges Gegenüber gerne an, wenn sie mit ihm spricht. Eine Berührung am Unterarm da, ein kurzes Schulterdrücken und eine Umarmung dort. Manchmal lehnt sie sogar kurz ihren Kopf an die Schulter eines männlichen Kollegen, um ein besonders vertrauensvolles und harmonisches Verhältnis, gepaart mit einer leichten (oft gespielten) Schüchternheit zu demonstrieren. Wenn ihr jemand Feuer gibt – falls sie Raucherin ist –, umfasst sie die Hand des Feuergebenden und schenkt ihm dabei schräg gesenkten Hauptes von unten her einen dankbaren Blick.

Die Schmeichlerin ist eine begabte Schenkerin und eine ideenreiche Verpackungskünstlerin – sie könnte das aus der Torte springende Bunny erfunden haben (wenn es nicht inzwischen derart politisch unkorrekt wäre). Deshalb sind Geburtstagsüberraschungen der besonderen Art eine Stärke der Schmeichlerin, und für Betriebsfeiern und -ausflüge sucht man häufig ihren Rat.

Wenn die Maske fällt

Die Schmeichlerin blendet Unangenehmes aus ihrem Berufsalltag aus und ist der festen Überzeugung, dass man nur durch Beliebtheit weiterkommt oder Karriere macht. So viel ununterbrochen zur Schau gestellte gute Laune strengt jedoch ungeheuer an, weshalb man die Schmeichlerin abends in der S-Bahn schon mal mit hängenden Mundwinkeln sieht.

Das mag die Schmeichlerin

Lieblingsessen: Entenbrust in Rotwein-Honigsauce

Lieblingsgetränk: Planter's Punch

Lieblingsmusik: »Spanish Eyes«

Lieblingslektüre: »Vom Winde verweht«

Lieblingsfilm: »Die Kaktusblüte«

Wie geht man mit der Schmeichlerin um?

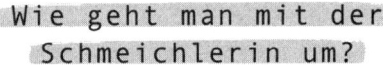

Die Schmeichlerin ist einer Nougatpraline vergleichbar. Sehr angenehm und wohlschmeckend, zu viel davon bekommt einem aber nicht gut.

Wenn Sie ein pragmatischer und »geradeaus gestrickter« Typ sind und Ihnen dieser permanente »kalifornische Sonnenschein« und die damit verbundene leichte Schleimspur auf den Geist geht und falls sie nicht mit ansehen können, wie andere Kollegen und Chefs reihenweise darauf hereinfallen, gibt es einfache Methoden, den Strahlefrau-Schalter auszuknipsen: Packen Sie der Kollegin pfundweise Arbeit auf den Tisch oder provozieren Sie einen Konflikt (der nicht verborgen bleiben oder unter den Teppich gekehrt werden kann). Achten Sie aber darauf, dass Sie objektiv im Recht sind, und bedenken Sie, dass Sie bei dieser Aktion die Rolle des »Bösen« spielen! Also gut überlegen, ob Ihre kleine Intrige wirklich dafürsteht.

Die Hysterische

Dieser Kolleginnen-Typ ist eine entfernte Verwandte der Atemlosen, allerdings mit eingebautem Stachel. Im Gegensatz zur Atemlosen legt die Hysterische nicht ständig eine nervöse Hektik an den Tag, sondern ist wohlorganisiert und völlig ruhig, solange alles seinen normalen »sozialistischen« Gang geht. Auch manövriert sie sich niemals selbst in Stresssituationen, so wie ihre atemlose Kollegin das tut, sondern reagiert wie ein Dampfdruckkochtopf auf (oft nur eingebildeten) Druck, der (im Unterschied zum Topf) von außen kommt. Krisensituationen jeglicher Art, wie Terminengpässe, Urlaubschaos, Computerprobleme, Kompetenzstreitigkeiten, fehlende Unterlagen oder das nicht rechtzeitige Eintreffen von Kollegen und Externen vor wichtigen Konferenzen, bringen ihren Temperamentskessel zum Pfeifen und in Extremfällen sogar zum Explodieren.

Achtung – Explosionsgefahr!

Die typische Handbewegung der Hysterischen vor einem ihrer gefürchteten Ausraster ist das nervöse Trommeln der Finger auf der Schreibtischplatte. Sobald es einsetzt, ist Gefahr in Verzug, und jeder, der sie kennt, weiß: Der Druck im Inneren des Kessels fängt gefährlich an zu steigen. Andere Warnsignale sind rhythmisches Wippen mit den Beinen unterm Schreibtisch oder eine sanft ansteigende Röte vom Hals aufwärts bis hin zu sich ausbreitenden roten Flecken im Gesicht. Spätestens dann heißt es: Rette sich, wer kann!

Diese Vorgänge laufen nicht im Zeitlupentempo, sondern im Zeitraffer ab, sodass Unerfahrene im Umgang mit der Hysterischen von ihren Ausbrüchen oft überrascht werden, weil sie die Zeichen erst registrieren, wenn der Hurrikan schon tobt: mit Losbrüllen bis hin zur sich überschlagenden Stimme, auf den Boden gepfefferten Akten, zugeknallten Türen (dass der Putz von den Wänden fällt und das Fensterglas klirrt) oder dem Abräumen von Schreibtischen mit einer einzigen fegenden Handbewegung. Draufgedonnerte Telefonhörer sind (zusammen mit dem Türenschlagen) noch die harmloseren Varianten der Kesselexplosion und werden von Zeitgenossinnen praktiziert, die in der Hierarchie eher auf den unteren Stufen stehen. Zum oberen Ende der Karriereleiter hin gehen die Temperamentsstürme der Hysterischen mit mehr Knalleffekten über die Bühne: Da geht schon mal was zu Bruch, und es fliegt auch schon mal ein Gegenstand durch die Luft.

Penibel und durchorganisiert

In »Friedenszeiten« ist die Hysterische eine beliebte Kollegin, auf die man bauen und zählen kann. Solange sie selbst alles im Griff hat und nicht Unwägbarkeiten oder der Unzuverlässigkeit ihrer Mitmenschen ausgesetzt ist, ist ihre Welt und die ihrer Umgebung schwer in Ordnung. Die Hysterische bereitet Konferenzen und wichtige Besprechungen penibel vor und bedenkt bereits im Vorfeld alle möglichen Störfaktoren, um einen erfolgreichen Ablauf zu garantieren.

Abgabetermine, die sie Arbeiten anderer setzt, bringen die Betroffenen oft gehörig ins Schwitzen – sie datiert sie regelmäßig so weit nach vorne, dass trotz einer eventuellen Verzögerung genügend Luft (für ihre Belange!) bleibt. Ihr Terminkalender enthält schon im Frühjahr wichtige (mögliche!) Termine für den Herbst, und die Sommer- und Winterfahrpläne der Bahn (oder der Fluglinien) hat sie schon in der Vorsaison im Kopf. Zu Verabredungen erscheint sie grundsätzlich zu früh (weil sie vorsorglich zeitliche Puffer einbaut), Verspätungen bringen sie zur Weißglut, und als Beifahrerin bei Dienstfahrten im Firmenwagen ist sie gefürchtet, weil jede rote Welle und jeder Stau ein nervöses Flattern und eine Suada von Flüchen bei ihr auslösen.

Schnell aus der Verankerung

Die Hysterische ist ein Schönwetterkapitän – schwere See in der Firma hebt sie aus der Verankerung und macht sie zum HB-Männchen. Beruhigungsversuche wirken absolut kontraproduktiv und haben die Wirkung von Öl, das man ins Feuer gießt. Die Hysterische ist ausgesprochen schlecht im Delegieren und daher oft überarbeitet. Das Besetztzeichen am Telefon ist eine unverzeihliche Kränkung, ausgebuchte Flüge betrachtet sie als persönliche Beleidigung, und Restaurants, die eine Woche vor dem gewünschten Termin keine Reservierungen mehr annehmen können, streicht sie von ihrer Liste und macht sie auch dem Chef madig. (»Die sind inzwischen größenwahnsinnig geworden, da sollten Sie nicht mehr hingehen. Wenn es mal so weit ist, lässt auch bald die Qualität nach, und zum Ausgleich steigen die Preise!«)

Das explosive Wesen der Hysterischen wird gelegentlich von Kollegen instrumentalisiert, indem man sie manipuliert und bewusst in Situationen manövriert, die sich bisher als lösungsresistent erwiesen haben. Die Eruptionen dieses Vulkans haben schon so manchen gordischen Knoten durchschlagen geholfen, an dem sich andere mit friedlichen Lösungsversuchen die Zähne ausgebissen haben.

Das mag die Hysterische

Lieblingsessen:	thailändisch – scharf gewürzt
Lieblingsgetränk:	Retsina
Lieblingsmusik:	Rock 'n' Roll
Lieblingslektüre:	»Simplify Your Life«
Lieblingsfilm:	»Bullets Over Broadway«

Wie geht man mit der Hysterischen um?

Die Hysterische weiß um ihre Wutanfälle und Black-outs. Sie hat kein Problem damit, sich zu entschuldigen, und nachdem sich ihre persönlichen Gewitter entladen haben und die Luft wieder rein ist, lebt es sich sehr angenehm mit ihr. Allerdings nur bis zum nächsten Mal, wenn es wieder kracht.

Die Maxime für den Umgang mit dieser Kollegin lautet eindeutig: nur nicht provozieren. Wer auch immer Schuld an ihren Ausbrüchen haben mag – achten Sie unbedingt darauf, dass nicht Sie der Buhmann sind. Menschen mit dem Temperament der Hysterischen sind nämlich in hohem Maße schlaganfall- und herzinfarktgefährdet. Und Sie wollen sich doch nicht die Verantwortung aufladen, zum Sargnagel dieser Kollegin zu werden!

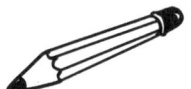

Die Angeberin

Diese Kollegin ist stets nach der neuesten Mode gekleidet, und an ihr kann man auch ansonsten die hippsten Trends ablesen. Auf diese Weise haben die ewig Gestrigen und Spießer in der Firma von den himmlischen Segnungen des Tai-Chi und des Ayurveda erfahren, von den lebensverlängernden Wirkungen des Nordic Walking und des Eis-Segelns und auch davon, dass ein normaler Winterspaziergang jetzt Snow Walking heißt.

Natürlich weiß die Angeberin das alles nicht aus Illustrierten, sondern sozusagen aus erster Hand, direkt von den Erfindern dieser sportlichen Lustbarkeiten – oder zumindest von Angehörigen des »Inner-Circle« (sagt sie). Denn zu ihrem engen Bekanntenkreis zählen Golf- und Tennislehrer der VIPs, der Geschäftsführer des größten Sporthauses am Ort, aber auch die Ressortleiter »Mode und Savoir-vivre« der Hochglanzmagazine.

Überkandidelte Trendsetterin

Die Angeberin ist oft in der Werbe- oder Presseabteilung einer Firma zu finden, doch im Gegensatz zur Betriebsnudel sind ihre Beziehungen eher gesellschaftlicher denn monitärer Art. Sie bekommt ihr hochmodisches Outfit nicht preiswerter – so wie ihre netzwerkende, fröhliche Kollegin –, sondern häufig umsonst: Die Angeberin ist die geborene Trendsetterin und wird von ihren Bekannten aus der Mode- oder Sportbranche als »Schauläuferin« eingesetzt, die Begehrlichkeit für neue Produkte wecken soll.

Ihre Arbeit in der Firma erledigt sie rasch, korrekt und relativ leidenschaftslos – ihr Job ist für sie mehr eine Standortfrage, denn irgendwo muss der Mensch ja tagsüber positioniert und erreichbar sein (ganz abgesehen davon, dass ein gewisser Lebensstil auch finanziert sein will). Ihre kreativen Beiträge bei Meetings und in Arbeitsgruppen sind oft überkandidelt und so weit vom Machbaren entfernt, dass sie gnadenlos abgeschmettert werden. Dann zieht sie sich nach kurzen Frustrationsphasen (»Ihr habt offenbar immer noch nicht mitgekriegt, was da draußen wirklich läuft und was gewünscht wird!«) auf die Beobachterposition und den Standpunkt »Na gut, ich führe aus, was ihr für richtig haltet – aber ganz vorn dabei können wir mit dieser konservativen Haltung niemals sein!« zurück.

Umringt und beneidet

Jüngere Kollegen hängen fasziniert an den Lippen der Angeberin und beneiden sie glühend um ihre Ausflüge in die große weite Welt, von denen sie in den lebhaftesten Farben zu berichten weiß. Als Meisterin des Name-Dropping scheint sie alles, was in der modischen Welt der Stadt Rang und Namen hat, zu kennen. Mit dem Barbesitzer, der für das schicke Männerparfüm wirbt, ist sie angeblich auf Du und Du, und wenn der Pariser

Modezar in der Stadt seine Fotoausstellung persönlich eröffnet, hat die Angeberin selbstverständlich eine der begehrten Einladungen. Und weil sie so hautnah am Geschehen dran ist, weiß sie nicht nur, welche Modefarben in der übernächsten Saison angesagt sind, sondern auch, welche Promis sich demnächst scheiden lassen werden.

Morgens kommt diese Kollegin oft zu spät in die Firma, weil ihre Abende lang und anstrengend sind. Großes Engagement, wie beispielsweise freiwillige Überstunden, sind von ihr nicht zu erwarten. Schließlich muss sie abends pünktlich aus dem Haus, weil sie zur Happy Hour in der neuesten In-Bar verabredet ist, danach ein Date zum Abendessen hat (die Neueröffnung eines Restaurants, das einer bekannten Schauspielerin gehört) und zu später Stunde noch bei einer Vernissage vorbeischauen will. Der obligate Absacker erfolgt dann meist zu sehr später Stunde, was das pünktliche Aufstehen am nächsten Morgen nicht gerade erleichtert.

Spiel mit verdeckten Karten

Bei so manchem Kantinengespräch (»Dieses Essen hier ist eigentlich unzumutbar, aber ganz ohne was halte ich den Tag nicht durch. Und für den Catering-Snack-Service, den mir mein Freund Bernd immer wieder angeboten hat, ist unsere Firmenlage zu ungünstig. Man darf seine Freunde auch nicht ausnützen!«) versuchen Kollegen dem Realitätsgehalt ihrer Storys auf den Grund zu gehen. Vergeblich. Die Angeberin teilt weder ihre Vergünstigungen mit anderen, noch deckt sie ihre Karten auf.

Ihre Chefs betrachten die Angeberin daher mit Skepsis. Jedes Mal, wenn man sie gebeten hat, eine ihrer »Beziehungen« zum Wohl der Firma einzubringen, gab es irgendeinen Hinderungsgrund: Als die berühmte Schauspielerin (die mit dem Restaurant) mithilfe der Angeberin für eine Weihnachtsfeier engagiert werden sollte, um aus Charles Dickens' »Weihnachtsgeschichte« zu lesen, kam die Anfrage (im Juli!) natürlich für deren vollen Terminkalender viel zu spät. Und als der Chef mit wichtigen Geschäftspartnern in das Hotel auf Spitzbergen reisen wollte, das total aus Eis gebaut ist (wohin die Angeberin angeblich auf einen Wochenendtrip vom norwegischen Fremdenverkehrsverband eingeladen worden war), hatte ihre dortige Kontaktperson gerade gekündigt.

Die Angeberin behält ihre privaten »Betriebsgeheimnisse« für sich. Man weiß nicht recht: Ist sie die Enkelin von Baron Münchhausen oder tatsächlich ein kleiner Satellit derer, die den oberen Zehntausend zuarbeiten?

Das mag die Angeberin

Lieblingsessen:	Kartoffelsuppe mit Kaviar (oder Pflaumen im Speckmantel)
Lieblingsgetränk:	Kir Royal (oder Red Bull)
Lieblingsmusik:	»You're Simply The Best«
Lieblingslektüre:	»Bunte« und »Gala«
Lieblingsserie:	»Sex And The City«

Wie geht man mit der Angeberin um?

Falls diese Kollegin ein rotes Tuch für Sie ist, sollten Sie zunächst für sich klären, warum das so ist. Wenn Sie nur eifersüchtig sind – vergessen Sie's. Es hindert Sie doch kein Mensch, ebenfalls nächtens durch die Kneipen zu ziehen, wo die angesagten Typen herumsitzen, und selber Kontakte zu knüpfen. Wenn Sie die Angeberin für eine Lügnerin halten, wer hindert Sie daran, sie zu entlarven? Macht vielleicht ein bisschen Arbeit, aber das sollte es Ihnen wert sein, falls Ihnen die Wahrheit tatsächlich so wichtig ist.

Die Frage ist nur: Haben Sie nichts anderes zu tun, als sich um so ein kleines Würstchen mit einem so großen Mangel an Selbstvertrauen zu kümmern? Na also.

Die Intrigantin

Vor dieser Kollegin muss gewarnt werden, denn sie ist wirklich brandgefährlich. Ihre Lieblingsopfer sind vorwiegend Firmenneulinge, die sie wie die berühmte Hexe aus »Hänsel und Gretel« mit Freundlichkeit umgarnt und denen sie ihre Hilfe beim Eingewöhnen in die neue Umgebung anbietet. Im Gegensatz zur Geheimniskrämerin behält die Intrigantin das, was sie auf diese Weise erfährt, nicht für sich, sondern setzt es gnadenlos bei jeder ihr passend scheinenden Gelegenheit ein.

Es gibt zwei Sorten von Intrigantinnen: Die eine treibt ihr Spiel um des eigenen Vorteils willen, die andere lediglich »aus Spaß an der Freude«. Während Erstere noch halbwegs auszurechnen ist, kann man Letztere nur als Naturkatastrophe bezeichnen.

Meisterin schlechter Inszenierungen

Der Typ der Intrigantin ist meistens auf der mittleren Hierarchieebene zu finden. Sie hat durchaus Zugang zu wichtigen Informationen und den Leistungsträgern der Firma, ist aber nicht so weit oben angesiedelt, dass sie den Kontakt zu den »unteren Rängen« schon verloren hätte. Wenn die von ihr inszenierten bösen Spielchen ans Licht kommen und die von ihr gelegten Tretminen explodieren, ist sie zwar in der Nähe, aber niemals dingfest zu machen. Selbst wenn der Verdacht kurzfristig auf sie fällt, kann sie sich immer erfolgreich herauswinden.

Die Intrigantin lässt Unterlagen verschwinden, gibt verkehrte Telefonnummern weiter (»Da haben Sie offenbar einen Zahlendreher aufgeschrieben. Ist uns doch allen schon mal passiert!«) und füttert denjenigen, den sie gerade auf dem Kieker hat, mit falschen Terminen. Wenn dieser dann eine halbe Stunde zu spät zur Konferenz erscheint und nach einem Anschiss seine Unschuld beteuert, erntet er vom Chef nur die lakonische Frage: »Warum sind wir anderen dann alle zur richtigen Zeit da gewesen?« Die Intrigantin kommt danach mit Unschuldsmiene auf den so Gescholtenen zu und bekundet ihr Mitleid. Besonders raffinierte Exemplare räumen sogar – wenn auch mit gespieltem Zweifel – die Möglichkeit eines Irrtums ein, was sie dann endgültig von jeglichem Verdacht befreit.

Scheinheilig und erfinderisch

Die Intrigantin weidet sich am Unglück anderer, und damit sie das Ausmaß des Ärgers auch hautnah mitkriegt und voll ermessen kann, bietet sie sich mit ihrer vielfach bewährten Unschuldstour als Trösterin, ja sogar als Helferin an. Sie umgibt sich mit den »Netten« und über jeden Verdacht Erhabenen der Firma und lockt damit ihre potenziellen Opfer auf vermeintlich

sicheres Terrain. Kaum ein Mensch ahnt, dass die Intrigantin die Nachrichten und Katastrophen selber schafft (oder zumindest maßgeblich daran beteiligt ist), an denen sie sich weidet.

Sie sorgt dafür, dass es in der Firma nie langweilig wird, weil durch ihr Zündeln ständig irgendwo der Bär steppt. Sie lässt Faxe wichtigen Inhalts zwischen Gerät und Wand fallen, wo sie niemand findet (oder auch nur vermutet). Sie führt teure Auslandstelefonate vom Apparat anderer Kollegen, die daraufhin abgemahnt werden. Sie behauptet, E-Mails mit wichtigen angehängten Dokumenten verschickt zu haben, die aber niemals angekommen sind.

Nach ein paar Tagen wird die Sache mit den Mails ob einer nicht erledigten Arbeit zum Thema. Ihr eigenes Sendeprotokoll ist just in diesen Tagen gelöscht worden, weil die Computerkapazität schließlich nicht unnötig überlastet werden soll. (»An diese Anweisung halte ich mich streng, weil wir alle sonst unter der Tempoverringerung des Rechners zu leiden haben. Der Kasten ist ohnedies langsam genug!«) Zum Beweis druckt sie allerdings den angeblich mitgeschickten Anhang aus, der natürlich in ihrer Dokumentenablage gespeichert ist. Wie es der Zufall will, findet die Intrigantin einen Ausdruck des Dokuments dann tatsächlich auf dem Schreibtisch des verblüfften Kollegen – das Papier blitzt aus einem Stapel von Unterlagen hervor ...

Hinterlistiges Arbeitstier

Die Intrigantin ist ein Arbeitstier, präzise und zuverlässig und daher von allen Vorgesetzten hoch geschätzt. Überstunden – ob bezahlt oder nicht – sind kein Problem für sie, und besonders gerne kommt sie am Wochenende ins Büro. Offiziell, weil »da nicht dauernd das Telefon klingelt und man endlich mal in Ruhe an einem Vorgang dranbleiben kann!«, in Wahrheit, weil damit so manche ungestörte Schnüffelaktion verbunden wird. Sie ist meistens eine gute Freundin der Betriebsnudel, die von ihr in jeder Hinsicht ausgenutzt und benutzt wird, allerdings so geschickt, dass diese niemals auch nur das geringste Misstrauen hegt und sich für die Intrigantin vierteilen lassen würde.

Die Intrigantin ist übrigens die Einzige, die das Wesen und die Beweggründe der Geheimniskrämerin durchschaut, weil die beiden ähnliche Strukturen aufweisen. Nur mit dem Unterschied, dass die Geheimnisträgerin niemandem wirklich Böses will, was man von der Intrigantin nicht sagen kann.

Das mag die Intrigantin

Lieblingsessen: Falscher Hase

Lieblingsgetränk: Coca Cola mit Schuss

Lieblingsmusik: Boogie-Woogie

Lieblingslektüre: John-Grisham-Romane

Lieblingsfilm: »Zeugin der Anklage«

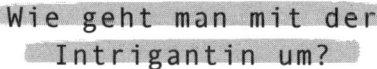

Wie geht man mit der Intrigantin um?

Den Typ der Intrigantin oder ähnlich gestrickte Kolleginnen gibt es in jeder größeren Firma, auch wenn sie unentdeckt bleiben. Wo gehäuft seltsame, unglückliche Zufälle passieren – da sind sie am Werk. Oder die Heinzelmännchen von Köln. Aber wer glaubt schon an die? Bei dieser Sorte Kollegin ist guter Rat wirklich teuer. Es gibt nur eine einzige Möglichkeit: Von der Intrigantin sollte man sich meilenweit entfernt halten. Was allerdings erst dann geht, wenn die ersten Vorkommnisse passiert sind und sich ein gewisser Verdacht gegen diese abgebrühte Kollegin erhärtet.

Gut wäre es, sich mit vertrauenswürdigen Kollegen zusammenzutun und die Giftschlange gemeinsam unter Beobachtung zu halten. Aber Vorsicht bei der Bildung dieser Interessensgemeinschaft: Wehe, Sie haben einen Doppelspion in Ihren Reihen! Oder – noch schlimmer: Sie hätten eine Unschuldige im Visier!

Die Petze

»Mama, Mama, der Detlef hat mir mein Schäufelchen weggenommen!« Das war eine der Standardklagen der Petze, als sie noch im Sandkasten spielte. Und weil Mama daraufhin prompt dem Detlef die Ohren lang gezogen hat, glaubt die Petze, eine Problemlösung fürs ganze Leben gefunden zu haben. Motto: Der Chef oder die Chefin wird's schon richten! So eine als Kollegin zu haben ist unerfreulich, weshalb die meisten mit vorsichtiger Ausgrenzung reagieren.

Die Petze fällt in der Regel weniger durch Tüchtigkeit auf, eher schon durch gediegenes Mittelmaß. Oft ist sie sogar den Schlampigen zuzuordnen, denn wer dauernd darauf schaut, was die anderen machen, konzentriert sich automatisch zu wenig auf seinen eigenen Kram. Für Fehler sucht die Petze prinzipiell die Schuld bei Kollegen, was sie allerdings selten mit den von ihr Beschuldigten direkt ausmacht, sondern bei Vorgesetzten deponiert. Chefs, die keine Zeit und keine Lust haben, Gespür für Atmosphärisches oder Firmenhygiene zu entwickeln, weisen dieses jammernde Gepetze – das sich zudem oft als haltlos oder zumindest nicht eindeutig erweist – leider nicht mit der gebotenen Schärfe zurück. (So werden Denunzianten gezüchtet, die so mancher Vorgesetzte zu benötigen scheint!)

Das Fähnlein im Wind

Die Petze trägt ein gesundes Selbstbewusstsein vor sich her, das jedoch genauerer Überprüfung nicht standhält. »Findest du nicht auch?« ist eine Floskel, die sie gerne an ihre Statements dranhängt, und es ist ihr wichtig, darauf eine bestätigende Antwort zu bekommen (»Der XY sagt das auch!« oder »Die YZ sieht das übrigens genauso!«). Wer anderer Meinung ist oder auch nur eine Festlegung vermeidet, wird als »unsicherer Kandidat« und »potenzieller Feind« registriert. Sie dagegen wechselt Standpunkte je nach Bedarf, weshalb man sich nicht auf ihre Solidarität verlassen kann und sie nicht zu seiner Truppe zählen sollte, wenn für ein gemeinsames Projekt von irgendwoher Gegenwind zu erwarten ist: Sie läuft vielleicht mit fliegenden Fahnen ins gegnerische Lager über.

Ihr entgeht nichts

Für die Intrigantin ist die Petze neben der Betriebsnudel ein sprudelnder Quell der Freude. Von niemandem sonst könnte man so prompt erfahren, wer von den Kollegen seinen Wagen trotz strikten Verbots immer wieder auf den Kundenparkplätzen abstellt, wer abends gelegentlich vergisst, seinen PC abzustellen, und wer firmeneigenes Toilettenpapier, Kaffee oder Kopierpapier »abstaubt« und mit nach Hause nimmt.

Die belauschte Frage an die Buchhaltungskollegen: »Darf ich auf eurem Kopierer mal schnell privat ein paar Seiten kopieren?«, veranlasst die Petze zur Nachahmung an anderer, exponierterer Stelle (zum Beispiel am Kopierer vor dem Chefbüro), allerdings in einer unguten Variante: »Du, ich muss mal schnell was Privates kopieren. Ist ja sonst nicht meine Art, aber die XY macht das ja auch dauernd!«

Selbst ernannte Firmenpolizei

Die Petze tut das alles nicht, weil sie – wie die Intrigantin – eine ausgeprägte Lust am Ausleben pseudokrimineller Energie verspüren würde (wozu ihr überdies die Raffinesse der Intrigantin fehlt) oder weil sie so blauäugig wäre wie die Betriebsnudel (es fehlt ihr auch deren Temperament). Nein, die Petze hält sich für rechtschaffen, anständig und will die Ordnung aufrechterhalten. Sie sieht sich allerdings außerstande, Verstöße gegen diese Ordnung selbst zu regulieren, und schreit lieber nach der »Polizei«, was sie firmenintern automatisch mit Vorgesetzten oder deren Hilfskräften in Verbindung bringt. Da sie stets das Gute will (wenn auch oft das Böse schafft), ist ihr Gewissen ein sanftes Ruhekissen.

Rache für Ausgrenzung

Wie schon erwähnt, wird die Petze vielfach ausgegrenzt, man hat sie in der Kantine nicht gerne am Tisch und versucht sie »abzudrängen«, bevor sie sich niederlassen kann; Gespräche verstummen oft, wenn sie dazustößt, oder die Kollegen wechseln rasch das Thema. Das bleibt der Petze nicht verborgen, weshalb sie sich leicht verfolgt und ungerecht behandelt fühlt.

Aus diesem Grund führt sie ihr Weg des Öfteren in die Personalabteilung oder zum Betriebsrat. Die beschuldigten Kollegen werden zu Einzel- oder Gruppengesprächen zitiert, meistens ohne irgendein greifbares Ergebnis. Appelle zu reserviertem Verhalten haben bei solchen Gelegenheiten wenig Sinn, da die Petze glaubhaft (zumindest in ihren eigenen Augen) versichert, dass sie es nur gut meint und man ihr nicht zumuten könne, die Fehler anderer märtyrerhaft auf sich zu nehmen. Da die Mediatoren nicht in Details einsteigen können und die zum »Sühnegespräch« Zitierten ebenfalls (aus gutem Grund) keine schmutzige Wäsche waschen wollen, geht das Ganze regelmäßig aus wie das Hornberger Schießen. Alle Jahre mehrmals wieder.

Das mag die Petze

Lieblingsessen:	Kohlrouladen
Lieblingsgetränk:	Früchtetee
Lieblingsmusik:	»Peter und der Wolf«
Lieblingslektüre:	»Michael Kohlhaas«
Lieblingsfilm:	»Asterix und Obelix«

Wie geht man mit der Petze um?

Diese Kollegin ist so lästig wie ein hartnäckiger Mücken-schwarm, in den man versehentlich geraten ist – da hilft alles Herumwedeln mit Händen und Füßen nichts. Wenn er da ist, ist er da. Entweder man verlässt fluchtar-tig diesen Ort, oder man gibt sich stoisch und lässt sich piesacken, in der Gewissheit, dass die Blessuren schnell wieder vergehen. Oder man nimmt rechtzeitig Kalzium-Tabletten und reibt sich mit Anti-Mücken-Salbe ein.

Übertragen aufs Berufsleben und auf die Petze: sich so korrekt wie möglich verhalten (sowieso der anzustre-bende Normalfall), damit die verhaltenstechnisch in der Kindergartenphase stecken gebliebene Kollegin keinen Anlass findet, die »Herr-Lehrer-ich-weiß-was!«-Num-mer zu fahren. Wer das für zu pragmatisch und friedvoll hält und unbedingt sein Mütchen kühlen will: Mal ein paar Minuten ins Werkzeugkästchen der Intrigantin schauen! Damit überschreiten Sie allerdings eindeutig die Demarkationslinie.

Wirklich beikommen kann der Petze nur einer: ein erfah-rener, durchsetzungsfähiger Chef. (Für kurze Zeit auch manchmal die Hysterische.)

Die Liebessüchtige

Für sie ist die ganze Welt ein großer Heirats- oder Liebesmarkt und das Büro der ideale Platz dafür. Nicht allen (sogar den wenigsten) Liebessüchtigen geht es dabei allerdings um eine längerfristige oder gar dauerhafte Beziehung. (Manch eine von ihnen hat sogar einen festen Lebenspartner oder behauptet das zumindest). Im überwiegenden Fall will die Liebessüchtige durch Flirten – mehr oder weniger unbewusst – lediglich ihren privaten »Marktwert« testen, und das jeden Tag aufs Neue.

Die Qualität ihrer Arbeit wird durch ihre amourös angehauchten Aktivitäten kaum beeinflusst, wenn sie auch – ähnlich wie die Betriebsnudel – viel auf den Beinen und in den Gängen unterwegs ist. Regelmäßige Besuche der von ihr »Ausgespähten« erhalten schließlich die Freundschaft und den Kontakt. Das Handwerkszeug der Liebessüchtigen ähnelt dem der Schmeichlerin, allerdings mit dem gravierenden Unterschied, dass sie es ausschließlich bei ihren männlichen Kollegen einsetzt. Und so gut wie nie, um damit berufliches Fortkommen zu erreichen. Karriere ist nicht das, was im Leben der Liebessüchtigen Priorität hat. Sie weiß, dass die Karriereleiter nach oben hin immer weniger privates Vergnügen zulässt und der Spaßfaktor enorm abnimmt.

Perfekte Selbstdarstellung

Die Liebessüchtige konzentriert sich auf andere als berufliche
»Künste«: Sie versteht viel von Mode und generell von Ästhetik,
liebt schöne Dinge (und schöne Männer). Sie beherrscht es perfekt, ihre attraktiven Beine zur Geltung zu bringen, hat einen
verblüffenden Hüftschwung drauf und einen ganz bestimmten,
wissenden Schalk in den Augen. Mit denen sie auch unnach-
ahmlich zu zwinkern versteht, sodass manch einer sich fragt:
»Hat sie jetzt oder hat sie nicht, und wenn, hat sie wirklich mich
gemeint?« Ihr Lächeln erscheint den Angeflirteten wie ein Versprechen auf alle noch nicht erlebten Liebesgeheimnisse aus
Tausendundeiner Nacht, und ihr Lachen macht selbst bei denen,
die sie durchschauen und von ihrer flirtigen Art vielleicht sogar
unangenehm berührt sind, enorm gute Laune.

Objekt der Begierde —
und des Klatsches

Es ist regelmäßig viel Klatsch über die Liebessüchtige in Umlauf – das meiste davon stimmt jedoch nicht (weil eben nicht
alle bellenden Hunde zum Beißen kommen). Für Chefs, die die
Trennung des Beruflichen und Privaten nicht so eng sehen, ist
die Liebessüchtige ein ideales Opfer für flüchtige Abenteuer.
(Ein gefährliches Parkett für die Liebessüchtige, weil sie dadurch
manche nicht einkalkulierte emotionale Verletzung hinzuneh-
men hat.) Als ernsthafte Partnerin kommt sie für die meisten
Bosse nicht wirklich in Betracht, weil sie durch ihr Verhalten im

Verdacht steht, es bei ihren Bettangelegenheiten nicht so genau zu nehmen. Und welcher Vorgesetzte will seine private Gefährtin womöglich mit einem Untergebenen teilen (oder gar dessen Nachfolger sein – übrigens auch umgekehrt!). Auf diese Weise bringen die Spielchen der Liebessüchtigen zwar Abwechslung, punktuell gute Stimmung und jede Menge Gerüchte in den grauen Büroalltag, der Liebessüchtigen selber aber wenig konkrete Beziehungsergebnisse.

Manchmal entbrennt ein Hahnenkampf um die Liebessüchtige, wenn Assistentinnenjobs oder Chefsekretärinnenbüros neu besetzt werden und ein Chef dem anderen die attraktive Dame in seinem Vorzimmer nicht gönnt. (»Vor dem XY muss man das Mädel doch beschützen. Diesem Schürzenjäger darf man sie keinesfalls aussetzen!«)

Weibliche Konkurrenzkämpfe

Die weiblichen Kollegen pflegen meist ein abwartend-beobachtendes Verhältnis zur Liebessüchtigen. Diejenigen, die in festen Beziehungen leben und bereits einige Jährchen an Lebenserfahrung aufzuweisen haben, versuchen manchmal, ihr gute Ratschläge zu geben und sie etwas in ihrem Drang zum Flirt zu bremsen. Die Jüngeren empfinden sie oft als Konkurrenz, sind eifersüchtig und kritisieren hinter ihrem Rücken ihre »Schamlosigkeit«. Der Intrigantin liefert die Liebessüchtige (meistens ohne es zu wissen) unschätzbares Spielmaterial; die Betriebsnudel schätzt die Liebessüchtige einerseits wegen ihres Gute-Laune-Faktors, sieht aber gelegentlich auch eine Konkurrenz in ihr.

Diese emotionale Gemengelage unter den Frauen in der Firma hat gelegentlich Folgen für den Arbeitsfrieden, manchmal sogar für die Arbeit selbst: Die Kolleginnen unterstellen der Liebessüchtigen »unlauteren Wettbewerb«, weil sie ihre Arbeitssituation auf Kosten anderer durch »Liebesdienste« im Wortsinn erleichtern will. Solche Unterstellungen spielen sich natürlich größtenteils hinter dem Rücken der Liebessüchtigen ab und veranlassen die Machos in der Firma zu Bemerkungen wie »Weiber!« oder »Typische Stutenbissigkeit!«.

Das mag die Liebessüchtige

Lieblingsessen: Spargelgerichte

Lieblingsgetränk: Champagner

Lieblingsmusik: Dean Martin

Lieblingslektüre: »Schokolade zum Frühstück«

Lieblingsfilm: »Pretty Woman«

Wie geht man mit der Liebessüchtigen um?

So störend das Geturtel der Liebessüchtigen manchmal auch sein mag – sie bringt auf jeden Fall Leben in die Bude.

Nur keine Aufregung um diese Kollegin! Wen geht es denn etwas an, welche wohlschmeckenden oder bitteren Suppen sie sich mit ihren amourösen Spielchen einbrockt? Sie muss sie doch ohnedies selber auslöffeln! In jedem Fall liefert sie erfrischenden Klatsch – und Klatsch ist wichtig für die Hygiene jeglichen Zusammenlebens.

An der Liebessüchtigen und ihrem Verhalten kann man übrigens ganz gut austesten, wie tolerant (oder umgekehrt: wie spießig) man selber ist. Solange diese Tändeleien keine Auswirkungen auf die tägliche Arbeit haben, sollte man das Ganze als Kino bewerten, für das man kein Ticket lösen und bezahlen muss.

Die Zicke

Diese Kollegin strahlt die Kühle von italienischem Marmor aus und ist die Mensch gewordene Schmallippigkeit. Ihre Haltung ist aufrecht und gespannt, in der älteren Version ist sie eine Trägerin von engen Miedern (mit eingezogenen Fischgrätstäbchen, was ihr den verschluckten Stock erspart), und ihre Lieblingsfrisur ist der Haarknoten im feinen Netz oder eine strenge Dauerwelle.

Die moderne, zeitgenössische Ausgabe der Zicke bevorzugt seriöse Business-Klamotten mit einem Hauch von Designerchic (manchmal ergänzt mit wenig, aber goldschwerem Schmuck), geht zum Promi-Friseur und setzt dieselbe hochnäsige Miene auf, gepaart mit einer eisigen Wortkargheit, die jeden kommunikationsfreudigen Plauderer mit Verachtung straft, wie das schon ihre Zicken-Kollegin der vorhergehenden Generation getan hat.

Humor jeglicher Art perlt an ihr ab, und selbst dann, wenn sich eine Reaktion darauf nicht vermeiden lässt (beispielsweise bei einer Betriebsfeier mit Kabaretteinlage oder wenn der Chef persönlich etwas Launiges von sich gibt), schafft sie es gerade mal, mit hängenden Mundwinkeln zu lächeln.

Sauertöpfische Besserwisserin

Zicken sind heute bedauerlicherweise weit verbreitet und vorwiegend in Assistentinnen-Jobs, Chefvorzimmern oder unteren Abteilungsleiterpositionen anzutreffen. Als Assistentinnen und Chefsekretärinnen haben sie den Marschallstab des Bosses als ihr Eigentum verinnerlicht und gehen mit seiner Macht so um, als sei es die ihre.

Zicken sind penibel, genau und meistens objektiv tüchtig. Das macht sie für die Firma wertvoll. Die sauertöpfische Art, wie sie diese Tüchtigkeit praktizieren, ist für die meisten Kollegen aber ziemlich unerträglich. Lustige oder gar schräge Vögel (die jede Firma so dringend braucht wie die Luft zum Atmen) befinden sich ständig in ihrem missbilligenden Visier und tun gut daran, ihr nicht zu oft unter die Augen zu kommen. Egal mit welchen Ansichten oder Meinungen man die Zicke konfrontiert, sie wird zunächst scheinbar Ablehnung, zumindest jedoch höchste Skepsis signalisieren. Denn erstens weiß die Zicke alles besser (das drückt schon ihre Miene aus), zweitens ist das Leben kein Spaß (und schon gar nicht das Berufsleben), und drittens ist die Zicke im Regelfall dermaßen konservativ, dass der Papst gemessen an ihr als überschäumender Genussspecht erscheint.

Genau genommen ist die Zicke eine Spießerin, die sich durch ihr schickes Äußeres nur tarnt. Über ihre privaten Interessen ist wenig bis nichts bekannt, nur manchmal streut sie einen prominenten Expertennamen in ein Gespräch ein, um ihren – den anderen widersprechenden – Standpunkt zu untermauern. Ihr Verhalten im Büro ähnelt – was Exaktheit und Ordnung betrifft – dem der Ehrgeizigen. Typen wie die Betriebsnudel, die Intrigantin oder die Schmeichlerin würdigt sie kaum eines Blickes. Mit männlichen Kollegen kommt sie eindeutig besser aus, weil diese mit der kalten Sachlichkeit der Zicke besser umzugehen wissen.

Unkollegial und einsam

In der Kantine sitzt die Zicke meist bei den »oberen Zehntausend«, so wie sie sich insgesamt eher nach oben orientiert. Bei den berühmten Chefzusammenrottungen (nur immer schön weit weg von den Angestellten, weil man nichts Rechtes mit denen zu reden weiß und vielleicht auch »unangebrachte« Fragen fürchtet) anlässlich von Jubiläen und offiziellen Veranstaltungen ist sie stets dabei, weil sie da ihre ernste Miene aufbehalten kann. Den Betriebsrat und von ihm abgehaltene Betriebsversammlungen hält sie für ein unvermeidliches Übel, den größten Teil der Angestellten für schlecht arbeitenden Pöbel, den sie zutiefst verachtet.

Kritik am Chef käme ihr nicht über die Lippen; wenn er allerdings allzu modernen Ideen oder Strömungen erliegt, kann sie sich manchmal ein dezentes Hochziehen der Augenbrauen nicht verkneifen. (Nur die ihr oft gegenübersitzende Geheimniskrämerin darf es mitkriegen, denn die zählt in den Augen der Zicke zum Inventar.)

Garantin für schlechte Stimmung

In diesen Zeiten der flachen Hierarchien hat es die Zicke nicht mehr ganz so leicht wie noch vor ein paar Jahren, als Bosse wohl noch kein so schlechtes Image bei der Durchschnittsbevölkerung hatten. Bei Firmenübernahmen oder Fusionen verliert die Zicke oft ihren chefnahen Job und wird »befördert« (manchmal in ihren Augen auch degradiert). Meistens erhält sie dann eine mittlere Abteilungsleiterposition – nicht gerade zum Entzücken der betroffenen Mitarbeiter.

Zicken wenden in solchen Situationen sofort Taktiken an, die sie aus der Managementliteratur kennen, auch wenn sie diese oft missverstanden haben. Über der Tür der Zicken-Abteilungsleiterin ist unsichtbar das Schild genagelt: »Jeder Mensch ist austauschbar!« oder »Jedem Erfolgsgeheimnis ist auf die Spur zu kommen, und daher kann es auch von jedem nachgeahmt werden!« Das funktioniert natürlich nur bedingt, weshalb in zickengeführten Abteilungen schlechte Stimmung und eine erhöhte Fluktuation herrschen.

Zicken werden wahrscheinlich nicht nur im Büro gemieden. Aber es ist ihnen auch nicht zu helfen, weil sie verschlossen sind wie Austern. In ihrer Gesellschaft fühlen sich nur Masochisten wohl.

Das mag die Zicke

Lieblingsessen: Shrimps-Cocktail

Lieblingsgetränk: Eistee mit Minze

Lieblingsmusik: Opernchöre

Lieblingslektüre: Schillers »Jungfrau von Orleans«

Lieblingsfilm: »African Queen«

Wie geht man mit der Zicke um?

Zugegeben, mit der Zicke hat keiner gerne etwas zu tun. Moderne Managementgurus behaupten zwar, dass Arbeit nicht unbedingt Spaß machen muss. Aber – selbst wenn man diesen Standpunkt murrend akzeptiert (wozu einem in der heutigen, von oben kommenden Eiseskälte fast nichts anderes mehr übrig bleibt) – bittermandelige Kollegen wie die Zicke als Dreingabe zum Spaß-Defizit muss man schließlich nicht auch noch haben.

Der Zicke begegnet man am besten mit emotionsloser Sachlichkeit und behandelt sie wie ein Neutrum. Keine männerfeindlichen Scherze, keine weiblichen Emotionen, keine kritischen Bemerkungen über die Firma oder gar den Chef. Dann müsste es gehen.

Die Ideen-Diebin

Vor dieser Kollegin ist keine Idee sicher – sie klaut jegliche Art von geistigem Gut wie eine diebische Elster. Alles, was ihr gefällt, und alles, dessen sie habhaft werden kann. Dabei ist sie intelligent, kommunikativ und offen, hätte es also gar nicht nötig, sich mit fremden Federn zu schmücken. Sie verfügt über einen blitzschnellen Verstand und eine ebensolche Reaktionsfähigkeit. Oft ist sie sich ihrer Räuberei nicht einmal bewusst. Sie kennt anscheinend immer die neuesten Witze, Gags und Storys – und gibt sie wie selbstverständlich und ohne mit der Wimper zu zucken als Eigenkreationen aus. Auf diese Weise ist sie fröhlicher Mittelpunkt so mancher Kaffeepause, und ihr Tisch in der Kantine ist heiß begehrt. Da geht es immer lustig zu, und es darf viel gelacht werden.

Ein gefundenes Fressen

Wenn die Ideen-Diebin in der Nähe ist, sollte man sich davor hüten, laut zu denken. Sätze wie: »Man sollte mal überlegen, ob das Controllingprogramm nicht auch für die Werbeetatverwaltung abwandelbar ist!«, sind für sie schon ein gefundenes Fressen. Bei der nächsten Konferenz wird der Lautdenker mit Staunen aus dem Mund des Chefs vernehmen: »Mit Vorrang sollten wir uns um den Einsatz des Controllingprogramms für unsere Etatkalkulationen in der Werbung kümmern. Diese Idee von Frau XY ist hervorragend – vielen Dank für diese Anregung!« Vor Bemerkungen wie »Daran habe ich auch schon gedacht!« sollte sich der Beklaute dringend hüten, weil er sonst einen strafenden Blick vom Chef *und* der Spionin ernten und als Neidhammel dastehen könnte. Letztere glaubt nämlich inzwischen fest daran, dass sie selbst auf diesen genialen Gedanken gekommen ist.

Werbe- oder Verkaufstexte aus der Feder der Ideen-Diebin sind mit Vorsicht zu genießen, denn im Zweifelsfall hat sie im Internet gestöbert oder sich insgeheim zum Alter Ego eines begnadeten Autors gemausert. Letzteres recht ungefährdet, denn wer liest heute noch gute Bücher (und könnte ihr dadurch auf die Spur kommen)? In solchen Fällen kann man der »innovativen« Kollegin nicht einmal Faulheit vorwerfen, denn genau genommen macht diese Art des Klauens ja auch Mühe.

Schon so manches Kollegenlob im Freundeskreis, die Ideen-Diebin hätte eine unübertroffen originelle Betriebsfeier organisiert, rief lange oder zumindest erstaunte Gesichter hervor: Genau dasselbe Programm – und zwar bis aufs i-Tüpfelchen – ist ein halbes Jahr zuvor beim Jubiläum der Firma XY abgelaufen.

Tempomacherin in Sachen Innovation

Unter der Ideen-Diebin haben vor allem Kollegen zu leiden, die ihre Einfälle erst dann an offizieller Stelle deponieren, wenn sie Hand und Fuß haben, also zu Ende gedacht sind. Das wartet die Spionin nicht ab: Sie wirft die Rohfassung der Idee schon einmal vorsorglich bei einem offiziellen Meeting in den Ring. Denn nur der frühe Vogel fängt den Wurm. Und der wahre Erfinder schaut wieder einmal dumm aus der Wäsche.

Die Ideen-Diebin ist von einer bemerkenswert raschen Auffassungsgabe und einer enormen Entschlusskraft und damit eine echte Tempomacherin in Sachen Innovation. Sie braucht lediglich ein paar wichtige Puzzleteile, die sie in Windeseile zu einer ganzen Idee zusammensetzt. Zudem hat die Ideen-Diebin ein goldenes Händchen für den »richtigen Augenblick«, und da sie keine gemeinen Hintergedanken hegt, kann ihr niemand offiziell böse sein. Oder gibt es zumindest nicht offen zu. Die meisten Beklauten verdrängen ihren Ärger, wollen nicht als Betrogene oder Petzen dastehen und reden sich deshalb oft sogar selbst ein, dass sie zufällig denselben Gedanken wie die Ideen-Diebin hatten, die damit eben nur etwas schneller war.

Mancher Idee tut es sogar gut, wenn sie der Ideen-Diebin in die Hände fällt, weil diese dank ihrer kreativen Begabung fürs Aufschnappen von Dingen – die vielleicht sowieso gerade in der Luft liegen – auf lockerere Weise damit umgeht und mehr aus dem Ursprungsgedanken herausholt als jemand, der lange herumgrübelt. (Das soll den Diebstahl und die Ehrverletzung der Kollegen durch die Ideen-Diebin selbstverständlich nicht entschuldigen!)

Gefragtes »Talent«

Dieser Kolleginnen-Typ (ebenso wie ihr männliches Pendant) ist übrigens seit geraumer Zeit ein unverzichtbarer Wirtschaftsfaktor: Wann immer Ihnen ein neues Produkt trotz seiner Neuheit bekannt vorkommt, war eine Ideen-Diebin (oder ein Ideen-Dieb) am Werk. »Me too«-Produkte nennt man dieses Phänomen. Und denken Sie nur an die vielen Retro-Moden – ohne Ideen-Diebe, die schamlos Anleihen bei früheren Erfindern nehmen, wären sie nicht machbar. Auf diese Weise haben kleine Anfänge oft große gesamtwirtschaftliche Wirkungen. Wenn eine Ideen-Diebin – beispielsweise in der Mode oder im Design – mit ihrem »Talent« einmal so weit gekommen ist, sind die hier geschilderten Anfänge längst vergessen und zur Kunst geworden.

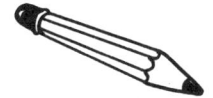

Das mag die Ideen-Diebin

Lieblingsessen: Kartoffelsuppe mit Kaviar

Lieblingsgetränk: Champagner-Cocktail

Lieblingsmusik: Comedian Harmonists

Lieblingslektüre: Drehbücher berühmter Filme

Lieblingsfilme: von Hitchcock und Billy Wilder

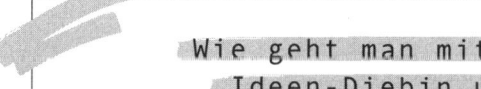

Wie geht man mit der Ideen-Diebin um?

Im Prinzip ist die Ideen-Diebin eine äußerst segensreiche Kollegin, vorausgesetzt, man macht sich deren kreatives Potenzial zunutze. Man sollte regelmäßig mit ihr kommunizieren und sie auf die Spuren unausgegorener Projektideen ansetzen, die in jeder Firma aufgrund von Arbeitsüberlastung ungenutzt herumliegen.

Die Kunst besteht darin, ihr nur so viel zu sagen, dass sich zwar ihre Fantasie entzündet, sie aber noch nicht weiß, wohin der Zug dieser Angelegenheit fahren soll. Auf diese Weise liefert sie ab, was Ihnen noch zur Präsentationsreife gefehlt hat. Sie bleiben Herr (oder Frau) der Lage und können gerecht und großzügig sagen: »Ohne die entscheidende Idee von Kollegin XY wären wir nicht so weit gekommen!« Gut für Sie (und nicht zum Schaden der Ideen-Diebin)!

Auch das Nutzen von Potenzialen will gelernt sein.

Die Pflegeleichte

Diese Kollegin ist ein wahrer Schatz und wird meistens nicht genügend dafür gewürdigt. Sie ist niemals schlecht gelaunt, geht niemandem mit ihren Eigentümlichkeiten auf die Nerven, steckt Unfreundlichkeiten und Gedankenlosigkeiten der Kollegen und Vorgesetzten weg, ohne beleidigt zu sein, und tut ihre Arbeit, ohne zu murren oder zu jammern. Dennoch ist die Pflegeleichte keine graue, unscheinbare Maus. Im Regelfall hat man es mit einer eigenständigen Persönlichkeit zu tun, die individuelle Ansichten hat und durchdachte, nachvollziehbare Standpunkte einnimmt.

Diese zwingt sie jedoch keinem in der Firma auf – sie trägt sie gelassen und sachlich zum richtigen Zeitpunkt vor. Wenn man ihr dabei nicht folgt (was oft der Fall ist, weil ihre Einstellungen, Vorschläge und Anregungen nicht spektakulär sind, sondern schlicht und einfach von gesundem Menschenverstand getragen), kämpft sie nicht mit Vehemenz darum, sondern akzeptiert die Meinung der anderen und richtet sich danach. Was meistens schade ist, weil es häufig von Vorteil für den Arbeitsalltag wäre, wenn sich ihre unneurotische, ausgewogene Art durchsetzen würde.

Einfach gut in ihrem Job

Die Pflegeleichte betrachtet nicht die Firma, sondern ihre Familie und ihre Freunde als ihren Lebensmittelpunkt. Ihr Beruf gilt ihr in erster Linie als »Broterwerb«, wobei ihr wichtig ist, dem Arbeitgeber für sein Geld zu geben, was er erwarten darf. Sie will sich ihr Gehalt redlich verdienen. Keinesfalls ist sie uninteressiert am Wohlergehen der Firma oder macht gar nur Dienst nach Vorschrift – im Gegenteil. Die pflegeleichte Kollegin vermeidet lediglich den unnötigen Kraftaufwand von übertriebenen Emotionen, Fehlengagement und theatralischen Inszenierungen.

Sie hält sich von Klatsch und Tratsch fern (ohne deren Verbreiter zu verachten) und lieber an Fakten. Sie steht jedem Kollegen mit Rat und Tat zur Seite, sofern sie damit zu einem geordneten und reibungslosen Arbeitsablauf beiträgt und nicht in Unübersichtlichkeiten verwickelt wird. Sie packt ohne große Worte da zu, wo es nötig ist, kann aber auch auf bestimmte und nicht verletzende Art Nein sagen.

Die ideale Kollegin

Mit ihr zusammenzuarbeiten ist ein Vergnügen, weil sie ihre Arbeitsabläufe so organisiert und optimiert hat, dass sie wie ein geöltes Räderwerk funktionieren. Ihr Zeitmanagement ist perfekt und schafft ihr immer wieder die notwendigen Freiräume, um das Quantum an Mehrarbeit, das heutzutage jeder immer wieder aufs Neue zu verkraften hat, in ihren Arbeitstag zu integrieren. Sie zählt zu den Kollegen, von denen man beruflich wie privat viel lernen könnte, wenn man nur genauer hinschauen würde. Was die meisten nicht tun, weil es in der Natur des Menschen liegt, dem Funktionierenden weniger Beachtung zu schenken als dem Nicht-Funktionierenden.

So viel angenehme Bescheidenheit gerät jedoch manchmal ins Blickfeld scharf beobachtender Chefs (von denen es zugegebenermaßen nicht allzu viele gibt) und veranlasst sie, diese Mitarbeiterin für eine Beförderung vorzuschlagen. In den meisten Fällen ohne Erfolg, weil die Pflegeleichte im Regelfall keinerlei Karriereinteresse hat und freundlich dankend ablehnt. Die mit einem Aufstieg zwangsläufig verbundenen Reibungsverluste sind nicht nach ihrem Geschmack und entsprechen nicht ihrer Auffassung von einem guten Leben.

Hüterin der zwischenmenschlichen Basics

Gäbe es den Typ der pflegeleichten Kollegin nicht in jedem Betrieb in ausreichender Anzahl, hätten die vielen verrückten und spinösen Typen (die es seit jeher hervorragend verstehen, sich in den Vordergrund zu drängen und das große Wort zu schwingen) die meisten Firmen schon in Grund und Boden gefahren. Man mag ja von dem etwas hilflosen Motivationsslogan »Du bist Deutschland!« halten, was man mag – ohne die Pflegeleichte wäre er sinnlos. Denn während in den Chefetagen und auf dem Weg dorthin die Verteilungs- und Karrierekämpfe toben, sich die Kreativen im Innovationswahn verschleißen, halten die Pflegeleichten den »Grundumsatz« am Laufen und sorgen dafür, dass in Chaos-Zeiten wenigstens stets die »Notbeleuchtung« der Firma eingeschaltet bleibt.

Selbstverständlichkeiten (die längst keine mehr sind) wie ein freundlicher Gruß am Morgen und am Abend, einem Nachfolgenden die Tür aufzuhalten oder einem älteren Menschen in öffentlichen Verkehrsmitteln einen Sitzplatz frei zu machen – sie werden fast immer von den Pflegeleichten vorgelebt. Sie sind es, die die zwischenmenschlichen Basics am Leben erhalten und den Berufsalltag nicht gänzlich verwildern lassen. Während sich die Kollegen noch über die neue Hausordnung aufregen und darüber diskutieren, ob es zumutbar sei, am Abend die vollen Papierkörbe vor die Bürotür zu stellen, um der Putzkolonne die Wege zu verkürzen (und der Firma damit Geld zu sparen), hat die Pflegeleichte diesen einfachen Handgriff am Feierabend schon getan. So wie sie immer alles wirklich Nötige schon getan hat, während viele andere noch reden.

Und deswegen können die Pflegeleichten auch guten Gewissens pünktlich Feierabend machen.

Das mag die Pflegeleichte

Lieblingsessen: Nudelgerichte in allen Varianten

Lieblingsgetränk: Tee

Lieblingsmusik: Benny Goodman & Co

Lieblingslektüre: Jane-Austen-Romane

Lieblingsfilm: »Casablanca«

Wie geht man mit der Pflegeleichten um?

Bei dieser Kollegin gibt es nicht den geringsten Anlass, sich den Kopf darüber zu zerbrechen, wie man mit ihr *umgeht*, sondern es geht eher darum, was man sich von ihr *abschauen* kann. Wie kommt es, dass sie nie in die Fänge der Intrigantin gerät, die Petze nichts zu petzen hat und sie nie wie die Atemlose unter ihrer Arbeit zusammenbricht? Ihrem Geheimnis auf die Spur zu kommen, würde sich für manchen beruflichen Zappelphilipp wahrlich lohnen. (Aber es ist nicht für alle von uns so einfach, seine eigene Mitte zu finden und unaufgeregt in ihr zu ruhen ...)

Die Esoterikerin

Diese Kollegin sieht in allen Vorgängen einen doppelten Boden, und selbst tief ausgeleuchtete Hintergründe sind in ihren Augen doch nie mehr als der äußere Schein (der trügt). Es gibt zwei Varianten dieses Kolleginnen-Typs: die, die ihr esoterisches Herz auf der Zunge trägt (und vor allem die männlichen Kollegen unendlich damit nervt), und die »Geläuterte«, die das esoterische Wissen für sich und in sich gespeichert hat, die Welt durch diese »Wissensbrille« betrachtet, danach handelt, aber nicht mehr mit Uneingeweihten darüber spricht. Letztere ist relativ unauffällig und wird uns daher hier nicht beschäftigen.

Büro-Astrologin und Firmen-Kassandra

Die Esoterikerin ist Expertin in Sachen Astrologie, kennt ihre Geburtsstunde, ihren Aszendenten und gibt vor zu wissen, woher sie kommt (ihr Karma) und was ihre Bestimmung ist (ihre »Lernaufgabe im Leben«, denn »der Weg ist das Ziel«). Selbst Menschen, denen sie zum ersten Mal begegnet, überfällt sie oft unvermittelt mit der Sternzeichenpsychologie: »Lassen Sie mich raten – sagen Sie nichts! Sie sind Steinbock, stimmt's?« Sie erfragt die notwendigen astrologischen Eckdaten der Kollegen und erstellt mit Feuereifer deren Horoskop (weshalb sich die Intrigantin gerne mit der Esoterikerin anfreundet – auch ungesichertes »Geheimwissen« ist eventuell einsetzbar).

Die Esoterikerin hat schon manchem Abteilungsmeeting ihren Stempel aufgedrückt, indem sie vor der Verabschiedung einer bestimmten Planung die kopfwiegende Kassandra gegeben hat: »Dafür ist heute und auch in den nächsten Tagen die absolut falsche Zeit. Wenn wir das jetzt durchziehen, geht die Sache unter Garantie schief!« Den erklärenden Nachsatz: »Das sagen die Sterne«, spricht sie aus Erfahrung in offiziellen Runden nicht mehr aus. Zu häufig hat der Big Boss ihren Verstand angezweifelt und sie rüde zur Ordnung und Ernsthaftigkeit gerufen. Dennoch vermögen ihre Warnungen bei einigen Kollegen nach wie vor Unsicherheit und Unruhe auszulösen, auch wenn sie das mit Witzchen über die Esoterikerin herunterzuspielen versuchen.

Gefragte »Spinnerin«

Meistens hat die Esoterikerin auch Tarotkarten in der Schublade, die sie mit neugierigen Kolleginnen in der Mittags- oder Kaffeepause legt, und manch eine beeindruckt mit Pendelkenntnissen. Wichtige Briefe, Einladungen und Verträge pendelt sie aus und macht ihre Antworten – so weit das in ihrer Macht steht – vom Pendelergebnis abhängig. Zu Geburtstagen verschenkt sie heilende Steine, Beziehungs-Horoskope oder Kräuter, deren Bedeutung für sein spezielles Wohl sie dem Beschenkten genau erläutert.

Solange die Esoterikerin ihre »Kenntnisse« aus dem offiziellen Geschäft heraushält (und auf ihrem eigentlichen Arbeitsgebiet gut und wertvoll für die Firma ist), wird sie von Vorgesetzten und kühl denkenden Kollegen zwar toleriert, aber privat als Spinnerin betrachtet. Für eine Reihe anderer Kollegen stellt sie dagegen einen geradezu magischen Anziehungspunkt dar. Mittags in der Kantine ist sie eine begehrte Tischgenossin und unterhält dort manchmal so etwas Ähnliches wie eine Beratungsstelle für sämtliche Fragen des Lebens.

Expertin für Ausgefallenes ...

Die Esoterikerin verbringt höchst ausgefallene Urlaube, von denen sie anschaulich zu erzählen weiß. Zum Beispiel von drei feministischen Wochen in Griechenland, wo dreißig Frauen nächtens im Freien unter dem Sternenhimmel schliefen und nach diesen drei Wochen alle »gleichgeschaltet« menstruierten (weil sie sich dem Mondrhythmus unterworfen haben). Oder von ihrem Seminar auf Lanzarote, wo sie lernte, über glühende Kohlen zu laufen, ohne Schmerz zu verspüren. (Bissige Kollegen kommentierten, dass dies ein Pflichtfortbildungskurs für alle in der Firma werden und vom Chef bezahlt werden sollte.) Aus Indien brachte sie ein Mantra mit, das ihr hilft, jegliche Nervosität und Aufregung zu vermeiden. Dort hat sie nicht nur an einem Weltgebet (100 000 Menschen haben gleichzeitig für etwas global Wichtiges gebetet, und die Wirkung wurde angeblich schon eine Woche später in den Nachrichten verkündet) teilgenommen, sondern auch die ayurvedische Küche kennen gelernt und erfahren, wie wichtig Farben von Lebensmitteln und Gewürzen sind. (Überhaupt – die Farbenlehre: Wer in schwarzem oder dunkelblauem Bettzeug schläft, wird am nächsten Tag übel drauf sein, rote Bettwäsche dagegen macht lebendig und kreativ. Sagt sie.)

... und in Gesundheitsfragen

Ganz groß ist die Esoterikerin in Gesundheitsfragen. Sie weiß genau, was hinter Rücken-, Magen- oder Kopfschmerzen wirklich steckt, hat immer das passende homöopathische Mittel parat oder die richtigen Salze. Sie denkt in Gesundheitsfragen ganzheitlich – was sie auch auf das Firmengeschehen überträgt. Damit kann sie manchmal richtig liegen, manchmal ergeben sich obskure Verschwörungstheorien.

Für reine Verstandesmenschen mag die Esoterikerin ein Ärgernis sein – langweilig ist sie keinesfalls.

Das mag die Esoterikerin

Lieblingsessen:	Trennkost
Lieblingsgetränk:	Wasser, das mittels reinigender Steine aufbereitet ist
Lieblingsmusik:	Enya
Lieblingslektüre:	»Harry Potter«
Lieblingsfilm:	»Die unendliche Geschichte«

Wie geht man mit der Esoterikerin um?

Meist ist die Esoterikerin eine gutmütige, freundliche Person, die eher zum »Gutmenschentum« denn zu negativen Eigenschaften im herkömmlichen Sinn neigt.

Wer sich für Esoterik interessiert, wird diese Kollegin interessant finden. Nicht-Esoteriker halten sie für eine kleine (oft lästige) Philosophin, die nur aufs falsche Gleis geraten ist.

Dennoch hat sie schon – meistens ungewollt oder unwissentlich – so manchen Kollegen zu weiterführender, seriöser Lektüre angeregt. Den »alten Nietzsche« mal wieder aus dem Regal zu ziehen oder ein Buch über die gesellschaftlich-philosophischen Hintergründe der »Zauberflöte« von einem Ägyptologen zu lesen, kann zu wunderbaren Mußestunden verhelfen und zugleich vor Augen führen, dass die Angelegenheiten von Mayer & Co. nicht den Nabel der Welt darstellen. Auch wenn das gar nicht die Absicht der an der Oberfläche plaudernden Kollegin war – schließlich zählt das Endergebnis!

Die Gesundheits-
fanatikerin

Sie ist eigentlich von sanftem, zurückhaltendem Wesen, etwas
blass und bar jeder Leidenschaft oder gar Aggression. Geht es allerdings um Gesundheitsfragen im Büro, entwickelt sie aus dem
Stand enorme Emotionen und erstaunliche Tatkraft. Um solche
Fragen mit mehr Nachdruck und Erfolgsaussichten klären und
durchsetzen zu können, tut manche Gesundheitsfanatikerin sogar alles, um in den Betriebsrat gewählt zu werden (obwohl es
sonst nicht ihre Art ist, im Vordergrund zu stehen).

Vorschrift ist Vorschrift

Als vor einigen Jahren die EU-Vorschriften für ergonomische
Schreibtisch- und Computertischhöhen, die richtige Augendis-
tanz zum Computerbildschirm, normkorrekte Bildschirmschoner und -blenden sowie rückenverträgliche und unfallsichere
Bürostühle zum ersten Mal offiziell in den Firmen überprüft
werden mussten, hatte die Gesundheitsfanatikerin ihren ganz
großen Auftritt. Manch eine lief mit Maßband und Zollstock in
den Büros geradezu Amok, und alles Jammern von Kollegen, sie

müssten in dieser und keiner anderen Höheneinstellung des Stuhls oder Tisches sitzen, um beschwerdefrei arbeiten zu können, half nichts. Nichts zählte außer den EU-Vorschriften. (So ähnlich mag es den Bananen oder Gurken auch ergangen sein: Krümmungsgrad nach Vorschrift!)

Die Geschäftsleitung knirschte geschlossen mit den Zähnen, denn die Gesundheitsfanatikerin bestand auf strikter Umsetzung des Reglements. Nicht die kleinste Laxheit ließ sie durchgehen. Was enorm viel Geld für die Anschaffung teilweise neuer, angepasster Büroeinrichtungen verschlang (und die Halbierung des Weihnachtsgeldes zur Folge hatte).

Drohende Gesundheitsrisiken allerorten

Mit einer Gesundheitsfanatikerin das Büro teilen zu müssen, ist unter Umständen eine Strafe der Götter. »Tür zu, es zieht!« ist ein Standardsatz dieser Kollegin. Frischluftfanatikerinnen bestehen sogar bei sibirischer Kälte auf geöffneten bzw. gekippten Fenstern, im Falle einer Erkältungsphobie wird hingegen selbst das lauteste Frühlingslüftchen am Eindringen gehindert. Jede Vorsorge-Impfung, die von der Pharmaindustrie erfunden wurde, wird von der Gesundheitsfanatikerin dankbar angenommen (weshalb sie ziemlich viele Auszeiten für Arzttermine wahrnimmt). Im Sommer blendet die Sonne an ihrem Arbeitsplatz und im Winter der Schnee, und dieser Sichtbeeinträchtigung kommen die normalen Einstellungsmöglichkeiten der Rollos in ihren Augen nicht bei. Die Telefonnummer des Facilitymanagers ist deshalb bei der Gesundheitsfanatikerin unter 1 gespeichert, und sie hat schon so manchen Hausmeister zu Erfindungen gezwungen, die fast patentreif sind. Klimaanlagen sind ihrer Meinung nach schleichende Todesfallen, und Luftbefeuchterfirmen müssten dieser Kollegin eigentlich Provision bezahlen.

Über das Thema Rauchen sollte man eigentlich gar nicht mehr reden, nur so viel: Wenn Sie im Winter eine fröstelnde Gruppe Menschen vor dem Haupt- oder Seiteneingang einer Firma stehen sehen, die sich mit dem Rücken gegen das Schneegestöber stemmen und ihre Zigarettenglut in der hohlen Hand vor der Feuchtigkeit schützen, dann wissen Sie: Da waren Gesundheitsfanatikerinnen am Werk. Diese haben es nicht nur geschafft, das Rauchen in den Büros verbieten zu lassen, sondern auch, dass die Raucherecken vor den Toiletten (und anderen unwirtlichen Orten) abgeschafft wurden.

Bio und Bürgerinitiativen

Wenn diese Kollegin nicht so kompromisslos (meistens bis zur Humorlosigkeit) wäre, man müsste ihr eigentlich Lobes- und Dankeskränze flechten. Immerhin hat sie durchgesetzt, dass die neuen Wandanstriche und Teppichböden (trotz Mehrkosten) unter Bio-Gesichtspunkten ausgewählt werden und daher keine gesundheitsschädlichen Stoffe mehr ausgasen (denen man früher ungeschützt ausgesetzt war). Die Gesundheitsfanatikerin weiß natürlich alles über Elektrosmog und Handystrahlung und ist oft Mitglied von entsprechenden Bürgerinitiativen. Zu Hause hat sie die Betten der Familie umstellen lassen, nachdem ein Rutengänger (dessen Adresse sie gerne an interessierte Kollegen weitergibt) Wasseradern diagnostiziert und ihren Verlauf festgestellt hat. Umso unglücklicher ist sie über die Elektrokabel- und Computerstrahlung, der sie im Büro nicht entrinnen kann.

Gesundes auf den Kantinentisch

Tatsache ist außerdem, dass auf Betreiben der Gesundheitsfanatikerin die Kantinenkost biologische Glanzlichter aufgesetzt bekam: Rohkostsalate und vegetarische Gerichte sind längst fester Bestandteil des Angebots. Als die Gesundheitsfanatikerin Weißmehlgebäck, Cola und Schokoriegel aus dem Angebot der Cafeteria gestrichen sehen wollte, formierte sich jedoch eine mächtige Gegenbewegung, im Zuge derer es zu lautstarken Debatten mit, aber auch hinter dem Rücken der radikal gesund lebenden Kollegin, zu Beschwerden beim Chef und beim Betriebsrat und zu Drohungen gegen den Kantinenbetreiber kam.

Das mag die Gesundheitsfanatikerin

Lieblingsessen: Gemüseplatte

Lieblingsgetränk: Gemüse- und Obstsäfte

Lieblingsmusik: Mozart-Sonaten

Lieblingslektüre: »Der Medicus«

Lieblingsserie: »Emergency Room«

Wie geht man mit der Gesundheitsfanatikerin um?

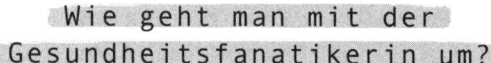

Trotz hehrer Absichten ist Toleranz nicht die Stärke der Gesundheitsfanatikerin, weshalb man ihr dringend Grenzen setzen sollte. Wütend kann man sie übrigens machen, wenn man sie mit der Esoterikerin in einen Topf wirft – sie hält sich für streng wissenschaftlich orientiert.

Regel Nr. 1 im Umgang mit dieser Kollegin: Lassen Sie sich niemals auf eine Debatte mir ihr ein, ohne einen schriftlichen Beleg Ihres Widerspruchs dabeizuhaben. Dieser Beleg sollte keinesfalls aus zweifelhafter Quelle, sondern mindestens aus der »Frankfurter Allgemeinen«, der »Süddeutschen Zeitung« oder aus ähnlichen, über (fast) jede Anfeindung erhabenen Qualitätsmedien stammen.

Aber selbst das wird Ihnen nicht viel helfen, weil Gesundheitsfanatikerinnen obendrein häufig Verschwörungstheoretikerinnen sind (und behaupten werden, dass die Meinung der von ihnen anerkannten Fachleute derzeit medial noch unterdrückt wird). Also hilft nur eines: Recht geben oder zumindest Nachdenklichkeit simulieren – bloß kein neues Debattenfass aufmachen. Bloß nicht!

Die Beißzange

Bei erster Überlegung könnte man meinen, die Beißzange sei lediglich eine verschärfte Variante der Zicke oder – was die Explosionsgefahr betrifft – der Hysterischen. Das ist jedoch ein Irrtum, denn die Beißzange benötigt keinen auf ihr Wirken bezogenen Anlass, um zu explodieren (so wie die Hysterikerin), und sie gibt sich auch nicht die geringste Mühe, ihrer Bittermandeligkeit ein – wenn auch nur dürftiges – Höflichkeitsmäntelchen umzuhängen (so wie die Zicke). Man muss es so sehen, wie es ist: Die Beißzange ist von Natur aus grantig und bei zusätzlicher Reizung giftig wie eine Klapperschlange.

Man kennt diesen Frauen-Typ aus französischen Filmen, wo die berühmten Concierges oft aus diesem keifenden, bissigen Holz geschnitzt sind. Auch Hans Moser hat in seinen Filmen diese Charakterkonstitution immer wieder verkörpert – sie ist typisch für den extrem grantelnden Wiener. Hat man es mit einer Beißzange im Büro zu tun (wo leider der Aus-Knopf am Fernsehgerät fehlt), hilft nur: Ohren steif und geschlossen halten, Zähne zusammenbeißen, Augen geradeaus gerichtet und durch.

Tüchtige, aber widerborstige »ältere Semester«

Beißzangen sind zwar insgesamt ein Auslaufmodell (denn heute laufen vorwiegend smarte Angestellten-Typen von den Bändern), aber in mittelständischen Firmen sind sie noch oft anzutreffen. Ebenso in solchen Unternehmen, die rasch gewachsen sind (oder die ein Konzern aufgekauft hat) und managementtechnisch amerikanisiert wurden, aber noch Mitarbeiter mit langer Betriebszugehörigkeit auf der Gehaltsliste haben, weil deren Entlassung wegen fälliger hoher Abfindungen zu kostspielig wäre. Beißzangen sind demnach vorwiegend »ältere Semester«, und sofern sie die Segnungen der modernen Bürotechnik nicht nur erlernt haben, sondern auch in der Lage sind, sie effektiv zu nutzen, erweisen sich diese Kollegen auf ihrem Gebiet als enorm tüchtig. Das ist auch der Grund, weshalb so mancher Chef – trotz Beschwerden der Kollegen – immer wieder seine schützende Hand über die Beißzange hält.

Organisationsinnovationen, die heutzutage gerne in Firmenrundschreiben per Mail verkündet werden, veranlassen die Beißzange oftmals, Gift und Galle zu spucken, da sie ihrer Ansicht nach die Arbeitsabläufe nicht erleichtern, sondern zugunsten einiger weniger für die meisten Kollegen verkomplizieren. Was sie in knappen, zornigen Ausbrüchen haarscharf begründen kann! Die Absender »dieses Unsinns« werden des Büros verwiesen oder mit bitterbösen, sarkastischen Mail-Antworten bedacht. Mit Kopien an vermutete »Hintermänner«. Die Beißzange macht hier keinen Unterschied zwischen dem Überbringer der Botschaft und deren Verursacher. Wenn die neue Bestimmung lautet: Kalender werden abgeschafft, weil alle Mitarbeiter einen offenen, für jeden Firmenangehörigen einsehbaren Outlook-Kalender zu führen haben, ignoriert die Beißzange das. Darauf angesprochen, keift sie zurück: »Für so einen Blödsinn habe ich keine Zeit!«, dreht sich um und geht.

Auf eine harmlose Frage irgendeinen Vorgang betreffend, kann ein zischendes »Das ist eine selten dumme Frage!« kommen oder: »Wenn Sie nicht durch die Gegend rennen, sondern mal in Ihre Mails schauen würden, wüssten Sie die Antwort schon!« Meetings, die nicht straff organisiert und in Tagesordnungspunkte gegliedert sind, die flott abgearbeitet werden, bringen die Beißzange zur Weißglut, was sie sich deutlich anmerken lässt. Wenn ihre innere Hutschnur reißt – und das ist schnell der Fall –, kommt es vor, dass sie die Versammlung verlässt. An guten Tagen wortlos, an galligen Tagen mit Bemerkungen wie: »Das war's dann wohl. Ich habe zu tun!«

Ihr Plus: wertvoller Erfahrungsschatz

Am besten lässt man die Beißzange in jeder Beziehung in Ruhe und beschränkt den Kontakt auf ein Minimum. Ältere, lebens- und berufserfahrene Kollegen kommen mit der Beißzange trotzdem ganz gut aus. Sie lassen ihre ruppig-unfreundliche Art an sich abtropfen oder hebeln sie mit Humor sogar manchmal aus. Sie wissen, dass die Beißzange eine Mischung aus cholerischem und depressivem Temperament ist und enorm an der »neuen Oberflächlichkeit« leidet.

Ganz besonders geschickte, gute »Psychologen« (die ehrlich am Wissen der Beißzange und ihren meist gar nicht altmodischen – eher wertkonservativen – Ansichten interessiert sind) können sogar ihr Vertrauen erringen und so etwas Ähnliches wie eine distanzierte Freundschaft mit ihr zustande bringen. Und manchmal wählt die Beißzange von sich aus einen der jungen Kollegen (oder Kolleginnen) aus, denen sie dann ihr Wissen und ihre Erfahrung zuteil werden lässt. Sie ist eine gute Menschenkennerin – die so Erwählten können sich auf diese unverhoffte Zuwendung durchaus etwas einbilden: Es ist ein untrügliches Zeichen dafür, dass die Beißzange ein Potenzial in ihnen erkennt, das sie fördern möchte.

Kritisch aus Liebe zur Firma

Die Beißzange liebt ihren Beruf und meistens auch ihre Firma, sie leidet jedoch darunter, wie der Betrieb geführt wird, wie Geld und Ressourcen verschwendet werden, wie so wichtige Eigenschaften wie Stolz und Originalität zugunsten von Eitelkeit und Angepasstheit immer mehr verloren gehen. So gesehen ist die Beißzange eine »unglücklich Liebende« – man könnte sie sogar als hoffnungslose Romantikerin bezeichnen. Damit das nur ja keiner merkt, zeigt sie die Zähne.

Dieser Kolleginnen-Typ wird aussterben. Schade drum.

Das mag die Beißzange

Lieblingsessen: Paprika-Schnitzel

Lieblingsgetränk: Bloody Mary

Lieblingsmusik: Verdi

Lieblingslektüre: Karl Kraus

Lieblingsfilm: »Verdammt in alle Ewigkeit«

Wie geht man mit der Beißzange um?

Der Beißzange kann man – ähnlich wie der Pflegeleichten – nur mit Professionalität und Taten imponieren und nur dadurch auch Anschnauzer und andere Unfreundlichkeiten vermeiden. Die Reaktionen der Beißzange sind ein gutes Firmenbarometer, an dem man die Wetterlage ablesen kann.

Wer klug ist, bezieht das durchaus in speziellen Fällen auch auf sich: Eigene Verhaltensweisen kritisch zu hinterfragen hat noch keinem geschadet. Die Beißzange bietet sich da als verlässliches Spiegelbild geradezu an. Wer mit ihr halbwegs oder sogar gut auskommt, ist sozusagen mit einem Gütesiegel ausgezeichnet.

Das Seelchen

Diese Kollegin hat nahe am Wasser gebaut und schaut mit großen staunenden Kinderaugen in die Welt. Wäre das Seelchen in einem Film zu besetzen, müsste man eine Schauspielerin auswählen, die der jungen Maria Schell ähnelt und ebenso wie sie den Übergang vom Lachen zum Weinen mühelos vollzieht. Den Typ des Seelchens gibt es in allen Altersstufen, denn die Bereitschaft zum Staunen ohne Hintergedanken und die Übersensibilität verlieren sich bei diesem Kolleginnen-Typ nicht durchs Älterwerden: Diese Eigenschaften sind weitgehend charakterbedingt.

Überempfindlich und naiv

Das Seelchen ist leicht zu beeindrucken (was unsichere Kollegen, die in der Firmenhackordnung weit unten stehen, gerne zur Aufbesserung ihres lädierten Selbstbewusstseins nutzen) und nimmt zunächst alles, was man ihr sagt, für bare Münze. Sie ist vertrauensselig und glaubt an das Gute in allen Menschen. Ein lautes oder harsches Wort bringt sie sofort aus der Fassung, und wenn es irgendwo Streit gibt, leidet sie persönlich darunter. Sie versucht alles, um die Zankenden wieder miteinander zu versöhnen – ihre Mittel dafür sind jedoch meist untauglich, weil sie von falschen Gründen für den Zwist ausgeht. Die wahren Anlässe erfährt sie in der Regel gar nicht, weil die Kollegen sie – völlig zu Recht – für viel zu naiv halten, um die tatsächlichen Hintergründe zu verstehen.

Das Seelchen gilt als »gutmütiges Schaf«, womit man ihr – zumindest in Bezug auf das Schaf – allerdings unrecht tut, denn zwischen Naivität und Dummheit besteht ein Unterschied: Der Dumme begreift nicht, das Seelchen interpretiert nur falsch, weil sie von der eigenen Weltsicht auf andere schließt.

Zuständig fürs Soziale

Das Seelchen ist die ideale Sekretärin für eitle, bewunderungssüchtige Chefs, die von ihr maßlos verehrt werden, was diese wiederum mit ausgesprochen schlechter, verächtlicher Behandlung quittieren. Bei solchen Konstellationen fließen viele Tränen im Vorzimmer, und die Papiertaschentücher sind ein unverzichtbares Requisit.

Umgekehrt sorgt das Seelchen unbeirrt für die sozialen Aspekte. Unter ihrem liebevollen Blick wird kein Geburtstag vergessen und kein Jubiläum. Ab Ende November schmückt selbstverständlich je ein Adventskranz den Empfangsbereich, den Konferenzraum und das Chefbüro. Der Kantinenwirt wird zu weihnachtlicher, österlicher sowie Erntedank-Dekoration angehalten, und im Zimmer des Chefs gibt es immer frische Blumen.

Kollegen, die im Krankenhaus liegen, können sicher sein, dass das Seelchen mit einem Blumenstrauß und Grüßen vom Chef und den Kollegen vorbeikommt. (Manch einer hat sich nach seiner Genesung dafür bei Chef und Belegschaft bedankt, und die so Angesprochenen fielen in tiefe Verlegenheit, weil sie von dieser guten Tat gar nichts wussten.)

Überhaupt ist das Seelchen unermüdlich im Einsatz für die gute Sache: Keine Naturkatastrophe, für deren Opfer sie nicht sofort Geld sammelt und im Namen der Firma überweist. Keine Lichterkette, an der sie nicht teilnimmt (natürlich informiert sie vorher alle Kollegen und fordert sie zum Mitmachen auf). Und keine Spielzeugsammlung für Waisenkinder, für die sie nicht an jede Bürotür klopft.

Kaum beachtet, aber beliebt

Von den meisten Kollegen wird das Seelchen nicht sehr beachtet. Wer mit seiner Karriere beschäftigt ist, übersieht sie (weil sie bei der Karriere nicht hilfreich sein kann). Die Zyniker machen sich offen oder versteckt über ihr »Gutmenschentum« lustig. Kolleginnen, die Kummer haben und sich irgendwo (ohne Tratschfolgen) ausweinen wollen, flüchten sich dagegen gerne zu dieser Kollegin, die die Welt immer so rosig sieht und ausschließlich positiv denkt.

Auch bei der überwiegenden Zahl der Kunden ist das Seelchen ausgesprochen beliebt, weil es noch den kompliziertesten Vorgängen und hartnäckigsten Beschwerden beharrlich nachgeht, Missverständnisse aufklärt und um fast jeden Preis um

Kundenzufriedenheit bemüht ist. Das sehen zuständige Abteilungsleiter häufig anders. Sie bezeichnen die Aktionen des Seelchens oft als »übertriebene Kundenfreundlichkeit« und pochen darauf, nicht so viel Zeit und Zuwendung auf die kleinen Firmen zu verschwenden. (Nur die großen bringen Geld; die kleinen verursachen Kosten, weil sie dauernd individuelle Behandlung erfordern und bei jeder Gelegenheit Beschwerden vorbringen – was teure Arbeitszeit verschlingt und unterm Strich nur Verluste bringt.) Das Seelchen leidet unter dieser Einstellung und macht nicht selten kostenlose Überstunden, um ihre »Samariterdienste« dennoch erledigen zu können.

Das Seelchen ist – ähnlich wie die Beißzange – eine aussterbende Kolleginnen-Kategorie, denn heute werden junge Leute schon früh im »Drachenblut« der Abgebrühtheit gebadet. Die dünne Haut des Seelchens kann man sich gegenwärtig in einer Firma kaum mehr leisten.

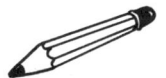

Das mag das Seelchen

Lieblingsessen: Hühnersuppe (für die Seele)

Lieblingsgetränk: Milch

Lieblingsmusik: Gospels und Spirituals

Lieblingslektüre: »Madam Curie«

Lieblingsfilm: »Gandhi«

Wie geht man mit dem Seelchen um?

Ein Seelchen in der Firma zu haben entspricht in etwa der Aussage eines Hobbygärtners, dass es an seinem Gartenteich sogar noch (oder wieder) Libellen gibt. Das Seelchen ist ein Indikator dafür, dass eine Firma sich noch individuelle Menschen als Mitarbeiter leistet und nicht jeder Einzelne eine Stahlpanzerung aufweisen muss.

So gesehen, sollte man sich an der Kollegenschaft des Seelchens erfreuen – selbst wenn die rosig-naive Weltsicht dieser Kollegin manchmal nervt und man sie gelegentlich schütteln und ihr sagen möchte: »Schau doch mal kritisch um dich und versteh doch, warum wir oft so rebellisch und kriegerisch sind. Wir müssen uns doch wehren!« Doch solange diese »Libelle« über dem »Firmenteich« flirrt, existiert für unsere individuellen Macken wenigstens noch ein halbwegs geschütztes Terrain.

Die Klugscheißerin

Sie hat für alles einen Tipp, für jedes Problem eine Lösung und offeriert beides meistens ungefragt. Allerdings wartet sie selten ab, ob ihr Vorschlag auch funktioniert, denn sie ist inzwischen längst zu einer anderen Baustelle weitergezogen. Problemfelder ziehen die Klugscheißerin an wie Motten das Licht. Ist gerade mal kein Problem vorhanden, wird nach kürzester Anwesenheit der Klugscheißerin wie von Zauberhand eines entstehen.

Ungebetene Helferin

Die Klugscheißerin hat den Ruf einer tatkräftigen, innovativen Kollegin. Sie ist stets fröhlich, freundlich und hilfsbereit – wenn man nichts von ihr will. Werden irgendwo Bilder aufgehängt, gibt sie – ungebeten – zielsicher von unten her die korrekte optische Mitte an; sie weiß, wie man einen Postverteilungswagen so belädt, dass nichts durcheinander rutscht (das weiß der Bürobote schon seit Jahren, die Klugscheißerin erklärt es ihm dennoch). Ist irgendwo eine Schraube zu entfernen, um ein Kippfenster (das nicht ganz geöffnet werden soll) von der Sperrverriegelung zu befreien – die Klugscheißerin hilft unaufgefordert bei der Suche nach dem entscheidenden Trick. Dauert die Angelegenheit zu lange, hört man ihren Standardsatz: »Du kommst jetzt sicher allein klar, ich zieh mal wieder los!« (Dass die Klimaanlage bei komplett geöffneten Fenstern nicht mehr funktioniert, vergisst sie zu erwähnen.)

Viel heiße Luft statt harter Fakten

Die Klugscheißerin kann allen helfen, nur nicht sich selbst. In ihrem Büro herrscht oft ein einziges Chaos, und sie ist ständig am Suchen. Kollegen erteilt sie jedoch die tollsten Organisationsratschläge. Sie auf diesen Tatbestand anzusprechen ist nicht ratsam, denn dann erfährt man, was es heißt, »abgebügelt« zu werden. Ihre Unordnung begründet sie damit, dauernd für andere recherchieren zu müssen und daher nicht zu ihrem eigenen Kram zu kommen.

Die Recherchen sind allerdings selbst verursacht: Ständig erzählt die Klugscheißerin, dass sie von dem oder jenem gehört habe, der dies oder das kann, anbietet oder verkauft. Sobald die

Kollegen um Namen, E-Mail-Adresse oder Telefonnummer bitten, ist die Luft der Erkenntnis aus der Klugscheißerin raus – und sie verspricht, in ihren Unterlagen nachzuschauen. Man wird nie mehr von der Sache hören. Neulinge, die dieses Spiel noch nicht kennen, begehen den Fehler, bei der Klugscheißerin nachzuhaken – und werden beim ersten Mal vertröstet, bei weiteren Erinnerungen angeschnauzt.

Da sich die »Geheimtipps« der Klugscheißerin manchmal bis zum Chef durchsprechen, ist sie gelegentlich gezwungen, ihren eigenen Prahlereien (die allzu oft nur auf vagen Informationen, Aufgeschnapptem oder im schlimmsten Fall auf Fantastereien basieren) nachzugehen und harte Fakten folgen zu lassen. In solchen Fällen kommt die Klugscheißerin natürlich nicht mehr zu ihren eigentlichen Aufgaben, sondern surft tagelang im Internet oder hängt ununterbrochen am Telefon, um herauszufinden, was sie angeblich doch bereits gewusst hat.

Dennoch ist nicht alles, was die Klugscheißerin von sich gibt, heiße Luft. Sie verfügt durchaus über einen praxisorientierten Verstand, kann Gebrauchsanweisungen lesen oder interpretieren (was manchmal ein großes Kunststück ist) und hat ihren Ruf als Problemlöserin nicht ganz zu Unrecht. Aber da sie wie ein vorlautes Kind immer noch einen draufsetzen muss, lädt sie sich ohne Not Bringschulden auf, die Stress verursachen. Aufgrund von Papierstau lahm gelegte Kopiergeräte sind ihre Spezialität und auch der Farbpatronenwechsel in Druckern. Allerdings begleitet sie ihre entsprechenden Notfall- und Hilfsdienste mit einer solchen Fülle von Kommentaren, Tipps, Anweisungen und Geschichten von ähnlichen Fällen, dass den Kollegen der Kopf schwirrt und sie den Hilferuf fast schon wieder bereuen.

Hauptsache originell

Die Klugscheißerin hat Sinn für verrückte Spielereien – vor Jahren war sie die Erste, die ein Tamagotchi anschleppte oder eine Halskette mit einem blinkenden, lichtpulsierenden Herzen. Ihr Handy klingelt in den ausgefallensten Tönen (weinende Babys, knarrende Türen oder Meeresrauschen). Ihre Geburtstags- oder Weihnachtsgeschenke sind entsprechend originell: Gedichte, mit unsichtbarer Tinte auf Pergament geschrieben (die man nur über der Wärme einer Flamme lesbar machen kann), oder kressebewachsene Spielzeugautos. Auch ein Buch mit ausgestanztem Buchblock, in dem eine Wasserpistole lag, hat sie mal an einen Kollegen verschenkt, der Krimi-Fan ist. Und selbstredend ist sie mit einem Mann zusammen, der alles kann: von der Autoreparatur (sogar Oldtimer, wie sie behauptet) bis zur Möbelschreinerei.

Das mag die Klugscheißerin

Lieblingsessen:	Eintöpfe
Lieblingsgetränk:	Bier
Lieblingsmusik:	Hubert von Goisern
Lieblingslektüre:	Science-Fiction-Romane
Lieblingsfilm:	»Star Wars«

Wie geht man mit der Klugscheißerin um?

Die Klugscheißerin ist eine anstrengende Kollegin, allerdings mit positiven Anlagen. Alles wäre gut, wenn sie nur nicht immer alles besser wüsste.

Am besten kommt man dann mit ihr klar, wenn man ihre Schwächen erkennt – und übersieht. Spätestens nach der zweiten Erfahrung mit ihrem Schwadronieren sollte man nicht mehr nachbohren (sonst würde man sie nämlich in eine Zwangslage bringen). Im Gegenteil: Ist man an dem, was sie angedeutet hat, interessiert (irgendetwas Wahres steckt meistens dahinter), kann man ja selber ein bisschen recherchieren.

Hat man gefunden, was man finden wollte, sollte man diesen Erfolg mit der Klugscheißerin teilen und sie für ihren Hinweis loben. Das wird ihr Selbstwertgefühl heben (denn ihre halbgaren Storys entstehen aus einem entsprechenden Mangel), und man hat eine neue Kollegen-Freundschaft begründet.

Die graue Maus

Sie ist das Dornröschen innerhalb der Kollegengemeinschaft. Es müsste ein Prinz kommen, um die in ihr schlummernden Eigenschaften mit einem Kuss zum Leben zu erwecken. Alles an der grauen Maus ist so, dass man es – wie die ganze Person – nicht wahrnimmt. Würde man jemanden bitten, die graue Maus in ihrer Abwesenheit rein äußerlich zu beschreiben, fiele dem Aufgeforderten auf Anhieb gar nichts so recht ein. Ihre Haarfarbe ist ziemlich unauffällig und ihre Frisur »irgendwie« nichts Besonderes – meistens ein pflegeleichter Kurzhaarschnitt, aber keinesfalls modisch.

Apropos Mode: Das ist gar kein Thema für die graue Maus. Rock oder Hose, Pulli oder Bluse, alles ist praktisch und in jedem Fall in neutralen Farben gehalten. Sanftes Ocker, helles Beige, alle Grauvarianten. Dunkelgrün oder Dunkelblau sind das höchste der Farbgefühle und ausschließlich feierlichen Anlässen vorbehalten. Selbst ein klares, strahlendes Weiß ist nicht ihre Sache – wenn schon, dann eierschalenfarbenes, gebrochenes Weiß. Dabei bewundert sie die trendigen, farbenfrohen Klamotten der Kolleginnen und auch deren selbstsicheres, modisch-ungehemmtes Auftreten. Sie kleidet sich nicht deshalb so fade und gibt sich derart unscheinbar, weil sie eine Spießerin ist. Sie ist nur davon überzeugt, dass alle diese bunten Sachen einfach nicht für sie da sind. Vielleicht meint sie sogar, sie hätte so viel augenscheinliche Fröhlichkeit gar nicht verdient. Sie beobachtet die Welt, nimmt beobachtend Anteil, aber nicht teil. Die graue Maus ist die geborene »Dienerin«.

Unauffällig, aber für ihr Umfeld äußerst effektiv

Keinem fällt es auf, wenn die graue Maus – meist klein und zierlich von Gestalt – den Raum betritt. Deshalb merkt es auch niemand, wenn sie ihn wieder verlässt. Sie trippelt wie eine Geisha und huscht wie ein Schatten durch die Gänge – so als ob sie es eilig hätte, wieder in ihren Bau, sprich in ihr Büro zu kommen. Ihre Stimme ist leise und hat meistens etwas Demütiges an sich. Oft muss man nachfragen, wenn sie etwas sagt, weil man sie auf Anhieb rein akustisch nicht versteht.

Es ist ausgeschlossen, dass die graue Maus auch nur den allerkleinsten Schritt auf der Karriereleiter macht – was im Übrigen auch ganz und gar nicht ihre Absicht ist. Allerdings trägt sie oft dazu bei, dass ihre unmittelbaren Kollegen oder Vorgesetzten vorwärts kommen. Denn die graue Maus ist nicht nur intelligent und ungeheuer fleißig – sie lässt sich auch gnadenlos ausnutzen, ohne jemals zu protestieren oder gar etwas dafür zu verlangen. Sie schafft jede Statistik heran (und wenn sie sie selbst erstellen muss), stellt unermüdlich Präsentationsmappen zusammen, tippt fehlerfreie Papiere, besitzt ein gutes Formgefühl, ist pünktlich wie eine Schweizer Uhr und hat überhaupt vorwiegend Eigenschaften, die zu großen Hoffnungen Anlass gäben, wenn sie nicht, ja wenn sie nicht so schüchtern, bescheiden und temperamentlos wäre.

Schüchternes Mauerblümchen

Der Big Boss und die »Leistungsträger« der Firma kennen oft nicht einmal den Namen der grauen Maus, so selten kommt sie ihnen unter die Augen, beziehungsweise so wenig nehmen sie sie wahr. (Weshalb muss man sich den Namen jeder Hilfskraft auch merken – Hauptsache, sie liefert das zu, was man von ihr haben will.) Bei Betriebsfeiern steht die graue Maus meist etwas abseits, mit dem Rücken zur Wand, zusammen mit anderen Schüchternen. Wenn es etwas zu lachen gibt, tut sie das leise und zurückhaltend, und benimmt sich einer der Kollegen daneben, ist die graue Maus stellvertretend für ihn beschämt und läuft rot an.

Das Seelchen ist recht gut mit der grauen Maus und hält Kontakt mir ihr. Die beiden gehen oft gemeinsam in die Kantine, und wenn die graue Maus Geburtstag hat, zerrt das Seelchen sie beim Blumenüberreichen oder einem Mini-Umtrunk kurz »auf den Spot«, was der grauen Maus bis auf die Knochen peinlich ist. Die wenigen Gratulanten, die vom Seelchen aufgescheucht wurden, zerstreuen sich schnell wieder, weil sie mit der grauen Maus nichts zu reden wissen.

Das unterschätzte Wesen

Die graue Maus ist oft Single, lebt häufig noch bei der Mutter oder in einer kleinen Wohngemeinschaft. Man weiß nichts über ihr Privatleben: Man fragt sie nicht, und sie erzählt nichts. Klatsch und Tratsch gehen an dieser Kollegin vorbei, aber durch ihren Fleiß und ihre intensive, konzentrierte Arbeitsweise (ihren wachen Verstand nicht zu vergessen) weiß sie mehr über die Firma und die betrieblichen Angelegenheiten, als man allgemein vermuten würde.

An besonders guten Tagen taut sie in der Kantine – aufgemuntert vom Seelchen oder der Pflegeleichten – manchmal ein bisschen auf, und dann kann man an der einen oder anderen Bemerkung feststellen, dass ihre Maus-Äuglein ziemlich scharf sehen und sie das Gesehene folgerichtig einzuordnen vermag. Manchmal sogar aus ungewöhnlichem, höchst originellem Blickwinkel.

Eine ganz besondere Situation entsteht, sobald das Auge und das Wohlwollen der Beißzange auf die graue Maus fallen. Wenn sie das Poltern und Keifen der Beißzange aushält – die graue Maus ist meistens gar nicht so empfindsam, wie man meinen möchte –, können im Lauf der Zeit wundersame Veränderungen mit diesem Mauerblümchen vor sich gehen. (Die Beißzange hat wie gesagt Sinn für Qualität und eine gute Nase.) Täte sie sich dann noch mit dem Kollegen-Typ »Mann der Zukunft« (den man in diesem Fall als den küssenden Prinzen bezeichnen könnte!) zusammen, dann ginge die Post ab, und die inneren Schätze der grauen Maus kämen zum Vorschein. Ist nur leider unwahrscheinlich.

Das mag die graue Maus

Lieblingsessen: Rehmedaillons

Lieblingsgetränk: Himbeer-Limonade

Lieblingsmusik: Chopin

Lieblingslektüre: Theodor Fontane

Lieblingsfilm: »Die Katze auf dem heißen Blechdach«

Wie geht man mit der grauen Maus um?

Wer offen für Überraschungen und neugierig ist, sollte sich ein wenig näher mit diesem Kolleginnen-Typ beschäftigen. Vor allem dann, wenn offensichtlich ist, dass die Beißzange ebenfalls einen Blick auf sie geworfen hat (was wie eine positive Vorauswahl zu bewerten ist). Wenn man ernsthaftes Interesse an der grauen Maus zeigt und aufrichtig mit ihr umgeht (Achtung vor falschen Tönen – die erkennt diese Kollegin auf Anhieb und macht dann noch mehr zu! Dieser Tresor ist dann nie mehr zu knacken!), kann man eine wunderbare Zuarbeiterin und vielleicht sogar eine Mitstreiterin für die eigenen Belange finden. Und möglicherweise einen sehr bemerkenswerten Menschen hinter der Mimikry entdecken.

Der Karrierist

Gerade war er noch einer unter vielen, und schwupp!, man hat es kaum mitbekommen, steht er schon auf einem Treppchen. Noch nicht weit oben, aber immerhin – eine kleine Abteilung mit zwei, drei Mitarbeitern ist für den Anfang auch nicht schlecht. Diese Abteilung hat es meistens vorher noch gar nicht gegeben. Der Karrierist hat sie sich ausgedacht, indem er seinem Arbeitsgebiet innerhalb seiner bisherigen Abteilung einen schicken (meist englischen) Namen gab und diese Wortschöpfung ständig in seinen Memos und Berichten verwendete. Eine Penetranz, die schnurstracks und dennoch still und leise zur Geburt einer neuen Abteilung führte: Der Boss wendet sich immer öfter direkt an den Karrieristen, bis die offizielle Ernennung zum Leiter einer neuen Abteilung nicht mehr zu vermeiden ist.

Ideale Taktik:
sich unentbehrlich machen

Solche Coups funktionieren am besten im Controlling oder im Einkauf – überall dort jedenfalls, wo Statistiken und Ähnliches zu erstellen sind. Aus diesen »Abfallprodukten« der Arbeit anderer versteht der Karrierist Gold zu spinnen. Bei seinem unaufhaltsamen Weg nach oben nutzt er geschickt die Achillesferse von Managern (und fast allen Sorten von Chefs) gnadenlos aus: Sie wollen keine langen Reden, keine unnötigen Details und brauchen »Lesehilfe« für jeden Text, der länger als zwanzig Zeilen ist. Genau das liefert der Karrierist mit traumwandlerischer Sicherheit: eine ganze (Firmen-)Welt in Zahlen.

Er ist ein »Zahlenmaler« und lässt ein Gemälde, sprich ein Abbild der Firmenlage entstehen, indem er Zahlen miteinander verknüpft. Die verbindenden, konturgebenden Striche zwischen den Zahlen bestehen aus knappsten Kommentaren, manchmal nur fremd klingenden (oft frei erfundenen) Begriffen, mit denen der Chef (der längst an der »Wortschöpfungsnadel« des Karrieristen hängt) ab sofort freigiebig um sich wirft, sie in seine Reden und Interviews einbaut und damit zu ihrer Verbreitung beiträgt (was wiederum dem Ruhme des Erfinders dient).

Ab sofort verstehen normale Mitarbeiter nur mehr »Bahnhof«, können der Interpretation ihrer eigenen Arbeit nicht mehr folgen und suchen immer öfter verzweifelt Aufklärung und Rat beim Wortschöpfer (dem eigentlichen Verursacher der babylonischen Sprachverwirrung). Spätestens jetzt zündet der Karrierist die nächste Raketenstufe seiner Karriere. Er hat alle von sich abhängig gemacht, und ohne ihn geht nichts mehr weiter, weil keiner mehr bestimmte Teile der Firmenlandkarte ohne seine Hilfe lesen kann.

Ausgeklügelter Fahrplan
nach oben

Der Karrierist ist meistens ein jovialer, freundlicher Mensch wie du und ich, dem man seinen Drang nach oben zunächst gar nicht ansieht. Er ist fleißig, an allem interessiert und hilfsbereit, signalisiert vor seinem unaufhaltsamen, rasanten Aufstieg Zugehörigkeit und Solidarität mit dem »normalen« Arbeitsvolk innerhalb der Firma. Auf diese Weise wird er mit dem nötigen Insider-Wissen und den personellen Schwachstellen der Firma schnell vertraut. Ein Umstand, den er zu nutzen weiß. Der Karrierist ist nicht intrigant – lediglich aufmerksam. Er registriert alles, was er sieht und hört, und baut dieses Wissen in seinen Fahrplan nach oben ein.

Sobald die Karriere eingeleitet ist (und sich die ersten erntereifen Früchte zeigen), vollziehen sich leichte Veränderungen an dem Karrieristen: Nicht sein Verhalten ändert sich als Erstes, sondern sein Outfit. Er trägt keine Jeans mehr und auch keine T-Shirts, bevorzugt plötzlich Krawatten, dann folgt schon mal ein etwas teurer aussehendes Sakko, und ab da ist es zum Boss-Anzug nicht mehr weit. In dieser Mimikry-Phase geht er weiterhin mit den alten Kollegen in die Kantine, wo er in einer Mischung aus unschuldiger Überraschung und Dankbarkeit seinem Chef gegenüber seine Beförderung herunterspielt. Das macht er so geschickt, dass sein ursprünglicher Vorgesetzter nicht die geringste Möglichkeit hat, sauer auf seinen ehemaligen Mitarbeiter zu sein, der jetzt auf Augenhöhe gerückt ist.

In der Nähe der Macht

Ab einem bestimmten Punkt des Aufstiegs kristallisieren sich zwei Typen von Karrieristen heraus: Der eine wird kalt und blickt nicht mehr zurück zu denen, aus deren Mitte er kam (eher auf sie herab) – er entwickelt negative Chef-Attitüden. Der andere bemüht sich darum, den Kontakt nach unten nicht ganz zu verlieren, aber es sind sichtlich Bemühungen, die durchaus eine berechnende Komponente haben (um Querschläger zu vermeiden). Spätestens jetzt ist diese (weichere) Sorte des Karrieristen dem Dilemma ausgesetzt, das fast jede Karriere mit sich bringt – der zwischenmenschlichen Standortbestimmung.

Deutlich wird es immer dann, wenn Farbe zu bekennen ist, bei Betriebsfeiern beispielsweise. Zu welcher Gruppe gesellt man sich? Zur Gruppe, die sich um den Big Boss versammelt? Anfangs entscheidet sich der Karrierist meistens für seine eigenen Mitarbeiter und die alten Abteilungskollegen. Am Ende findet man ihn jedoch immer in der Nähe der Macht.

Das mag der Karrierist

Lieblingsessen: Fingerfood

Lieblingsgetränk: Cola light

Lieblingsmusik: »Der Clou«

Lieblingslektüre: »Capital« und »Manager Magazin«

Lieblingsfilm: »Herr der Ringe«

Wie geht man mit dem Karrieristen um?

Der Karrierist ist ein äußerst erfindungsreicher Kollege, der ein hohes Tempo fährt und kein Überholverbot kennt. Leute, die schnell fahren, tun das immer auf eigene Gefahr. Solange sie das Leben anderer damit nicht gefährden, kann man sie ja ruhig lassen ...

Sobald jedoch die Neuerungen und geschickten Einfälle, auf denen der Aufstieg des Karrieristen beruht, andere Kollegen beeinträchtigen, sollte man sich dagegen wehren. Erinnern Sie sich an das Märchen vom Kaiser und seinen neuen Kleidern? Einer muss die Rolle des naiven Kindes spielen und sagen, dass der Kollege nackt ist.

Eine hilfreiche Methode, die allzu heftigen Ellbogenbewegungen eines Karrieristen einzudämmen: Man muss seine Erfindungen als alten Wein in neuen Schläuchen entlarven. (Dazu muss man allerdings etwas vom Wein verstehen, von dem da die Rede ist.)

Der Schweiger

Kollegen, die diese wortkarge Nummer draufhaben (sie ist mehr Attitüde als angeboren), leiden unter dem Rauchverbot, das inzwischen in vielen Firmen Einzug gehalten hat. Denn eigentlich gehört zu ihrer formvollendeten Darstellung des besonnenen Kopfes eine Pfeife (und die Haltung von Rodins »Denker«). Heutzutage muss der Schweiger meist ohne dieses attraktive Requisit auskommen, mit dessen Hilfe er früher so schön demonstrieren konnte, dass er eigentlich ein Chef-Typ und zu Höherem berufen ist.

Stumm ablaufender Meinungsbildungsprozess

Der Schweiger ist nicht etwa ein bescheidener oder gar schüchterner Kollege. Er hält sich für einen messerscharfen Analytiker, der denkt, bevor er spricht, und der überflüssiges Geschwätz und Geplapper (wofür er das meiste hält, was seine Kollegen so absondern) ungerührt an sich abtropfen lässt. Wie weit es mit seinem exquisiten Verstand wirklich her ist, lässt sich gar nicht so einfach ergründen, weil sein Schweigen die Redenden dermaßen verunsichert (manchmal auch reizt), dass sie sich häufig weiter aus dem Fenster hängen als notwendig und dem Schweiger damit Informationen liefern, die ihm seinen inneren, stumm ablaufenden Meinungsbildungsprozess enorm erleichtern. So gesehen, lässt der Schweiger die anderen seine eigene Meinung in Rohfassung vordenken. Wenn er dann endlich den Mund auftut, kommt oft recht klug klingendes Zeug heraus (das in Wahrheit aber nicht – oder nur zum geringen Teil – auf seinem eigenen Mist gewachsen ist).

In Meetings ist der Schweiger von ganz bestimmten Kollegen (beispielsweise von Dampfplauderern und auch von Ideen-Klauern) gefürchtet, weil sein langes wortloses Zuhören von unsicheren Kandidaten als Kritik oder gar Missbilligung (fehl-)interpretiert wird. Dem Big Boss kommen solche Situationen zupass, weil der Schweiger damit verborgene Strukturen und Schwächen aufbrechen und zum Vorschein kommen lässt. (Manchmal setzt er den Schweiger ganz bewusst in dieser Rolle ein, zum Beispiel als Beisitzer in strittigen Verhandlungen mit dem Betriebsrat oder widerspenstigen Mitarbeitern.)

Solide von Kopf bis Fuß

Der Schweiger ist meist von beeindruckender Statur (bei kleinen, schmächtigen Männern würde die Schweige-Nummer nur lächerlich wirken) und legt Wert auf ein gediegenes (meist wertkonservatives) Äußeres: Er trägt Kaschmirpullover (die manchmal Lederflecken an den Ellbogen haben) und Sakkos von englischer Qualität; die Schuhe (niemals Slipper oder gar Tod's) strahlen die Gepflegtheit einer soliden Haushaltsführung und eines ebensolchen Familienlebens aus. Sein Haarschnitt wirkt meistens wie frisch vom Friseur, im oft vorhandenen Bart liegt jedes Haar an seinem Platz, und die Fingernägel blitzen frisch poliert.

Der Schweiger ist entweder ganz oben in der Hierarchie zu finden (dann handelt es sich jedoch höchstwahrscheinlich um einen »geborenen« Schweiger), meist aber auf gehobener Sachbearbeiterebene. Er besitzt einen trockenen, sarkastischen Humor, den er sparsam, aber gezielt und sehr geschickt einsetzt.

Dieser Kollege ist von ausgesuchter Höflichkeit und wird daher auch seinerseits von allen mit Respekt behandelt. Er ist Anziehungspunkt für die ernsthafteren und die intelligent-bedächtigen Belegschaftsmitglieder, die ihn gerne um Rat fragen und sich mit ihm in wichtigen Firmenangelegenheiten beraten. Wo Klatsch und Tratsch auftauchen, verlässt er umgehend die Szene, nicht ohne seiner Missbilligung durch ein Stirnrunzeln, das Heben der Augenbrauen oder ein angedeutetes Kopfschütteln Ausdruck zu geben.

Junge, unerfahrene Hühner beiderlei Geschlechts können nichts mit dem Schweiger anfangen, machen sich manchmal hinter seinem Rücken über ihn lustig (»Ach, der …!«), finden in der Regel dafür aber merkwürdig wenig Beifall.

Gelassener Einzelgänger

Dem Chef tritt der Schweiger – je nach Charakter – mit an Arroganz grenzender Gelassenheit und auf gleicher Augenhöhe gegenüber oder er versinkt in das ganz große Schweigen. Als Kollege pflegt er einen sehr eigenen Arbeitsstil und -rhythmus und verfällt selbst in äußerst angespannten Situationen nicht in Hektik oder Aufgeregtheit. Über seiner Bürotür ist der unsichtbare Slogan angebracht: »Wer es eilig hat, muss langsam gehen!«

In der Kantine ist der Schweiger eher selten zu finden (er verabscheut Massenabfütterung) – lieber nutzt er die Mittagspause für einen kurzen Spaziergang und trinkt in der Kantine (kurz vor ihrer Schließung, wenn die meisten Kollegen bereits wieder auf dem Weg zu ihren Schreibtischen sind) nur noch einen Espresso und wirft einen Blick in die Zeitung. Weibliche Kollegen schätzen den Schweiger, weil sie ihn für einen Frauenfreund halten (nach dem Motto: »Stille Wasser sind tief«).

Das mag der Schweiger

Lieblingsessen: Roastbeef

Lieblingsgetränk: Guinness oder Kölsch

Lieblingsmusik: irische und schottische Volksmusik

Lieblingslektüre: Wirtschaftsteil der FAZ

Lieblingsfilm: »Vier Hochzeiten und ein Todesfall«

Wie geht man mit dem Schweiger um?

Alles in allem ein interessanter Kollege, weil er es versteht, sich mit einer geheimnisvollen Aura zu umgeben, und im Regelfall kann man gut mit ihm auskommen. Da er sich weder um Tratsch und Klatsch kümmert und sich nicht von Bürocliquen vereinnahmen lässt, ist er tatsächlich eine gute Anlaufstelle für Leute, die auf einen ernsthaften Rat aus sind.

Zum Ärgernis wird er allerdings, wenn er es mit seiner »vornehmen Zurückhaltung« übertreibt. Wem die Schweige-Nummer bei Meetings und Arbeitssitzungen gegen den Strich geht, weil sie gruppendynamisch einen Verunsicherungseffekt bei den chronisch Wankelmütigen hervorruft, sollte ihn direkt darauf ansprechen. Wenn er wirklich der gute Typ ist, den er darstellt (oder darstellen will), wird er wahrheitsgemäß antworten, dass er noch am Analysieren ist, oder aber er entscheidet sich unter dem Druck der offenen Anrede, mit der Sprache herauszurücken. Auf jeden Fall bekommt man auf diese Weise ein Feedback.

Zu oft geht dieser Psycho-Trick jedoch nicht, weil man sich den Schweiger dann nämlich zum Feind machen würde. Was nicht unbedingt ratsam ist.

Der Blödler

Er ist nicht klug genug, um ein Zyniker zu sein, und nicht diszipliniert genug, um länger als fünf Minuten bei der Sache zu bleiben. Der Blödler ist die Erwachsenenform eines seelischen Zappelphilipps und ständig auf der Flucht vor seinen eigenen Angelegenheiten. Er ist schwer zu fassen: Eher gelingt es, eine Forelle mit der Hand zu fangen, als dem Blödler eine konkrete Aussage oder gar Entscheidung abzuringen. Wehe dem, der meint, eine Verabredung mit dem Blödler getroffen zu haben, und sich darauf verlässt. Vermutlich hat er mit einem anderen die gegenteilige Vereinbarung getroffen – und auch auf die ist kein Verlass.

Fachmann für Fettnäpfchen

Der Blödler verfügt eigentlich über einen wachen Verstand, eine schnelle Auffassungsgabe und eine schier unendliche Speicherkapazität im Oberstübchen (die er allerdings vorwiegend dafür nutzt, sich Witze und blöde Sprüche zu merken oder auszudenken und bei passender und unpassender Gelegenheit vom Stapel zu lassen). Er schafft es, in jeden Fettnapf zu treten, der bereitsteht, und seine soziale Kompetenz ist völlig unterentwickelt. Der Blödler wäre gern ein Schürzenjäger, agiert jedoch in seinem Wunsch, originell zu sein, versehentlich mit frauenfeindlichen Sprüchen; er gibt den Gourmet, hält Eiswein jedoch für Weißwein mit Eiswürfeln (oder war das nur ein Witz?); er prahlt mit seinen Kulturkenntnissen, weiß aber den Namen der Oper nicht mehr, die er angeblich am Wochenende besucht hat (was er verlegen lachend komisch findet. Eine komische Oper eben!). Kleine Fehler, die er mit großer Geste und einem Witz vergessen machen will.

Arbeitsmoral gleich null

Morgens stürzt der Blödler (in ähnlich derangiertem Zustand wie die Atemlose) als einer der Letzten ins Büro und verbreitet sofort Hektik. Fängt an, wie wild zu telefonieren, trifft Verabredungen (natürlich ohne sie mit den Kollegen zu koordinieren), muss daher andere wieder absagen, sucht Vorgänge auf seinem unübersichtlichen Schreibtisch und gibt nach fünf Minuten auf – er hat sein Tagespensum an anstrengender Arbeit damit erledigt. Er ist erschöpft, braucht einen Kaffee, murrt darüber, dass es noch immer keine Cappuccino-Maschine in diesem rückständigen Büro gibt, und widmet sich erst einmal der Tageszeitung. Die er schnell wieder gelangweilt zusammenfaltet, um sich auf eine erste Wanderung durch die verschiedenen Abteilungen zu machen. »Erste Inspektion« nennt er diese Ausflüge »in die Tiefen des Raumes«, die er mit hochgeschobener Sonnenbrille, aufgekrempelten Hemdsärmeln und lässig umgehängtem Sakko auf weichen Slippern antritt.

»Immer schön locker bleiben!« und »Antreten zum Appell!« oder »Gerade stehen und durchzählen!« grüßt er grinsend die Kollegen da und dort. Während er hier und da einen mehr oder weniger originellen Witz anbringt, machen sich seine Kollegen (oder seine Sekretärin) auf die Suche nach ihm, weil Besuch wartet. Ein von ihm selbst arrangierter Termin, den er natürlich vergessen hat. Wer die Suchenden vorbeieilen sieht, weiß, dass der Blödler wieder einmal mit dem Lasso eingefangen werden muss, und gibt ungefragt seine »Laufrichtung« an.

Blockierer mit guter Laune

Trotz seiner offensichtlichen Macken finden Kollegen, die nicht auf ihn angewiesen sind, den Blödler »nett«. Im Rest der Belegschaft weckt er Mordgelüste ob seiner Unzuverlässigkeit und seiner Unlust, Verantwortung zu tragen. Eigentlich sind das keine guten Karrierevoraussetzungen, dennoch bekleiden Blödler sehr oft verantwortungsvolle Posten. Sie haben die wundersame Eigenschaft, ihre maximal fünf Minuten währende Konzentrationsfähigkeit genau dann einzusetzen, wenn es auf die Beförderung ankommt. Viele Chefs halten die Blödler für begnadete Entertainer, die bei Geschäftspartnern zur Lockerung der Atmosphäre einzusetzen sind. Aufgrund dieser Fehleinschätzung machen Blödler Karriere – und damit genau das, wovor sie sich fürchten (denn hier liegt das wahre Problem dieses manchmal sogar versteckt depressiven Kollegen-Typs).

So kommt es, dass zahlreiche Mitarbeiter täglich vor Wut mit den Zähnen knirschen, weil der Blödler in seiner Unfähigkeit, Entscheidungen zu treffen, ihre Arbeit blockiert und behindert. Wird beispielsweise in einem Meeting der entscheidende Punkt erreicht, springt der Blödler auf und verlässt unter Hinweis auf ein wichtiges Telefonat den Raum. Wenn er nach geraumer Zeit wiederkommt (währenddessen wurde zuerst über ihn gemault, dann gestritten und dann zu Privatgesprächen übergegangen), rollt er den ganzen Vorgang erneut auf, nicht ohne an geeigneten und ungeeigneten Stellen Witze zu reißen und herumzublödeln. Alles was vorher zugespitzt und kompakt gebündelt war, wird jetzt – ein gruppendynamisch bekannter Effekt – zerredet. Die Sitzung wird vertagt. Fast alle sind sauer, nur der Blödler hat gute Laune und versucht, sie zu verbreiten.

Das mag der Blödler

Lieblingsessen:	Lammbraten mit Kichererbsenpüree
Lieblingsgetränk:	moussierender Weißwein
Lieblingsmusik:	Rimski-Korsakows »Hummelflug«
Lieblingslektüre:	die Headlines in der taz
Lieblingsfilme:	alles mit Jerry Lewis

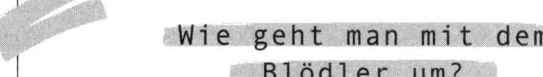

Wie geht man mit dem Blödler um?

Wer einen Blödler zum Kollegen hat, braucht starke Nerven, einen Verstand, der resistent gegen niveaulosen Humor ist, ein sonniges Gemüt und die Kraft, Dinge »auf die eigene Kappe« zu nehmen, wenn etwas weitergehen soll.

Sich Tricks auszudenken, um mit den unangenehmen Eigenschaften des Blödlers konstruktiv umzugehen, ist mindestens so schwierig, wie Gras- oder Blutflecke aus Textilien herauszubekommen. Da können auch die kindlichen Aktionen der Petze nichts ausrichten – dafür ist der Blödler zu gleitfähig, um nicht zu sagen zu glitschig. Am besten, man nimmt das Ganze mit Humor, indem man mit ihm lacht, versucht nebenbei eine gewisse Tendenz seiner vielleicht vorhandenen Meinung zu erahnen und diese sofort – mit Kopie an einen möglichst großen Verteiler – schriftlich festzuhalten. Mit etwas Glück schließt er sich dieser »seiner« Meinung an.

Ansonsten: einen großen Bogen um ihn machen, wo es nur geht. Und hoffen, dass irgendein Ereignis ihn vom Firmengeschehen ablenkt, sodass man in Ruhe, wenn auch auf eigene Gefahr, arbeiten kann.

Der Planer

Seine Überzeugung ist: Vor jeder Idee und vor jedem Ergebnis steht eine Checklist. Er liebt diese Listen und wendet sie in allen Lebensbereichen an. (Auch im Privaten: Schon vierzehn Tage vor Antritt des Urlaubs gibt es bei ihm ausführliche Listen davon, was mitgenommen wird, und wenn es dann so weit ist, lässt der Planer unter unausgesprochener Androhung von stundenlanger schlechte Laune niemanden ans Beladen des Autos ran.) So wie man sagt, dass vor jedem mit Zahlen bekritzelten Bierdeckel ein Grieche gesessen haben muss, so bekritzelt der Planer jedes Papier mit Stichworten, um auf diesem Weg zu einem ultimativen Ergebnis zu kommen, sozusagen zum großen, genialen Ganzen.

... Kontrolle ist besser

Bekommt der Planer einen Auftrag oder eine Handlungsanweisung, die aus mehr als einem Akt besteht, macht es ihn nervös, wenn er nicht gleichzeitig Gelegenheit erhält, sich Notizen zu machen: »Halt, halt, das muss ich mir aufschreiben!« Dieser

Satz ist meistens nicht etwa Ausdruck einer Gedächtnisschwäche, sondern vielmehr der Sorge, einen winzigen Baustein für den Erfolg einer wichtigen Sache zu übersehen (und so womöglich ihr Gelingen zu gefährden).

Der Planer ist ein wichtiger Kollege in Arbeitsgemeinschaften und so etwas wie das gute Gewissen jedes Teams, wo er jedoch manchen vorwärts stürmenden Kreativen, die eher intuitiv und mit leichter Hand agieren, in die Quere kommt. Gut aufgehoben ist er in Abteilungen, die koordinierende Aufgaben zu erfüllen haben und beispielsweise für Logistik, Vermarktung oder Produktionsvorbereitung zuständig sind. Die ganz großen Karrierechancen stehen dem Planer allerdings nur dann offen, wenn er seine Versagensängste (die in Wahrheit hinter der Checklistenwut stecken) überwinden kann oder diese zumindest weniger auffallen, indem er mit dem ständigen Kontrollieren aufhört.

Pedantisch und unzufrieden

Der Planer neigt oft zur Nervosität, die eine Folge seiner dauernden Angespanntheit ist und die sich in einer gewissen Rastlosigkeit ausdrücken kann. Auf viele Kollegen wirkt er wie ein »Verzögerer«, weil er Angelegenheiten, die andere bereits ad acta gelegt haben und für längst verabschiedet halten, immer wieder und noch einmal aufs Neue hinterfragt. Wenn er einem Team angehört, das mit anderen konkurriert, ist er aufgrund seiner (ängstlichen) Übergenauigkeit oft Anlass für Streit und wird gelegentlich trickreich daran gehindert, sich mit seiner pedantischen Art durchzusetzen. Das schafft Frustrationen und bestärkt den Planer in seinem Pessimismus. Zumal ihm meist die gebührende Anerkennung versagt bleibt – die reklamieren die Kreativen für sich allein.

Der Planer ist ein Kollege, der die Mitarbeiter oft polarisiert: Die einen bewundern seine unbestechliche Genauigkeit und Präzision, die anderen fühlen sich aufgrund seiner ständigen bohrenden Fragen und seiner Sucht nach immer noch mehr Unterlagen und Fakten von ihm belästigt. Seine Arbeitsweise – zwei Schritte vor und einer zurück – ist nicht die allerschnellste, und dadurch gerät er zusätzlich unter Druck.

Er befreundet sich notgedrungen mit den Kritischen und Unzufriedenen in der Firma. Die Dozentin und ihre Anhänger sind beispielsweise ganz auf seiner Seite, und auch mit der Beißzange gibt es (nachdem man erst lautstark aneinander geraten ist) gelegentlich (kurze) stressentlastende Kantinengespräche über Anspruch und Qualität (und den Niedergang dieser Gütesiegel).

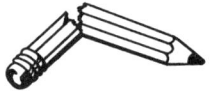

Im Clinch mit den Chaoten

Obwohl der Planer bei Meetings dringend gebraucht wird, ist er nicht viel beliebter als die Dozentin. Wohl hat er ihr gegenüber den Vorteil, dass er keine Vorträge hält, sondern präzise, knappe und zielgerichtete Fragen stellt – die jedoch aufgrund für ihn unbefriedigender oder konfuser Antworten kein Ende nehmen wollen. Zumal dann, wenn sie auf unvorbereitete oder chaotische Kollegen treffen (von denen es in fast jeder Firma mehr gibt als von der pedantischen Sorte der Planer!).

Anstatt sich über die Schlampigen der Truppe zu ärgern, richtet sich der Unwillen der Konferenzteilnehmer meistens gegen den Planer. Wenn dem die Ungenauigkeiten und die Unübersichtlichkeiten zu viel werden, schlägt er manchmal zurück: Meistens sind es Planer, die sich beim Chef so lange über ein angeblich vorhandenes Durcheinander und Kompetenz-Wirrwarr beschweren, bis dieser zum Mittel der Wochenend- und Trainingsseminare greift. Da schmoren sie dann alle, und die große Stunde des Planers ist gekommen: Endlich werden klare Strukturen für die Umsetzung im Firmenalltag herausgearbeitet, auf Charts gemalt und zur gefälligen Anwendung mit nach Hause genommen. Die Wut auf den Planer, dem man das alles zu verdanken hat, und die erzwungene Ordnung halten eine Weile an, doch in kürzester Zeit geht alles wieder seinen gewohnten Gang.

Das mag der Planer

Lieblingsessen:	Risotti aller Art
Lieblingsgetränk:	Rotwein
Lieblingsmusik:	»Zar und Zimmermann«
Lieblingslektüre:	Edgar Allan Poe
Lieblingsfilm:	»In 80 Tagen um die Welt«

Wie geht man mit dem Planer um?

In Firmen und Abteilungen mit führungsschwachen Chefs ist der Typ des Planers ein Stützpfeiler, und für unsichere Kollegen wirkt er oft wie ein Leuchtturm in der Wüste. Selbstsichere und schnell denkende Kollegen empfinden ihn dagegen als Hemmschuh.

Gegen die nervenden Eigenschaften des Planers hilft lediglich absolute Disziplin. Denn letztlich beabsichtigt der Planer nur Gutes. Als Nervtöter ersten Grades entpuppt er sich lediglich dann, wenn man ihn zu früh in ein Projekt hineinnimmt (also in einer Phase, wo es noch unausgegoren ist) oder wenn man glaubt, ein Konzept sei vorführbereit (es in Wirklichkeit jedoch noch nicht gründlich genug durchdacht hat).

Sprechen Sie in Anwesenheit eines Planers niemals den Satz »Jetzt mal Kladde gesprochen!« aus. Damit kann er nämlich nichts anfangen und wird Ihnen, sobald Sie ausgeredet haben, die Schwächen Ihrer Fantasieskizze (und genau das ist mit der »Kladde« ja gemeint) mit Präzision um die Ohren hauen.

Machen Sie den Planer durch sorgfältige und umfassende Vorüberlegungen »arbeitslos«, dann kann er seiner Aufgabe – nämlich zu kontrollieren, ob auch nichts übersehen wurde – ordnungsgemäß und zum Wohle aller nachkommen.

Der Launenhafte

»Es kann regnen, es kann schneien, es kann aber auch schön Wetter bleiben!« Dieser meteorologische Joke ist voll auf die gänzlich uneinschätzbare Stimmungslage des Launenhaften übertragbar. Während sich weibliche Mitarbeiter – um jahrhundertealte Vorurteile ad absurdum zu führen – längst bemühen, Stimmungsschwankungen nicht allzu deutlich sichtbar werden zu lassen, lässt der Launenhafte einen eventuellen Mangel an Glückshormonen ungeniert an seiner engsten Umgebung aus. (In gehobener Position durchaus auch im weiteren Umfeld!) Dieser Kollegen-Typ ist gefürchtet, weil man von einem Tag auf den anderen (manchmal von einer Stunde auf die andere) nicht weiß, wie man mit ihm dran ist.

Mit Zuckerbrot und Peitsche

Der Launenhafte traktiert seine Kollegen und Mitarbeiter »mit Zuckerbrot und Peitsche«, was meistens der jeweiligen Situation nicht gerecht wird und in seiner Umgebung Verwirrung stiftet. So kann es vorkommen, dass er auf die Überbringung einer frohen Botschaft (ein erfolgreicher Abschluss beispielsweise, auf den das ganze Team mit äußerster Anstrengung wochenlang hingearbeitet hat) mit einem giftigen »Na und? Das ist ja wohl das Mindeste!« reagiert. Weil das Leben (speziell das Berufsleben) nun mal nicht gerecht und auch nicht immer ein Zuckerschlecken ist, hat der Launenhafte sehr oft ein Seelchen an seiner Seite. In diesem Fall werden die schon erwähnten Papiertaschentücher quasi en gros eingekauft.

Als begnadeter Motivationskiller bringt der Launenhafte es fertig, mit einer einzigen bissigen Bemerkung eine dunkelgraue Verzweiflungswolke zu verbreiten und ganze Gruppen in tiefe Depression versinken zu lassen. Er kann damit von einer Sekunde auf die andere Meetings sprengen, den Kreativitätspegel auf null absenken und gute, aussichtsreiche Ideen wie Seifenblasen zum Platzen bringen.

»Dann halt nicht!« ist oft die resignierte Haltung in seiner Umgebung (in der es mehr Leute gibt, die innerlich längst gekündigt haben, als in anderen Abteilungen). Ein paar Stunden später – man bekommt niemals heraus, weshalb – rennt er strahlender Laune durch die Gänge, lobt hier und schlägt dort jemandem vertraulich und kameradschaftlich auf die Schulter (womöglich einem, den er noch am Vormittag völlig unqualifiziert angeschnauzt hat). Dann kriegt er es auch fertig, aus der Kantine eine Runde Kuchen oder Eiskaffee bringen zu lassen, obwohl gerade eine äußerst schlechte Nachricht vom Außenteam eingetroffen ist: »Das kriegen wir schon wieder hin. Gemeinsam schaffen wir doch alles!«

Kollegen, die mit dem Launenhaften zusammenarbeiten, leben in ständiger Verunsicherung und haben keine ruhige Minute, weil sie nie wissen, wann seine Laune wieder kippen wird. Das Abzeichnen von Urlaubsanträgen, das Unterschreiben eiliger Verträge, die Genehmigung von Überstunden – alles hängt von der jeweiligen emotionalen Verfassung des Launenhaften ab. Er wird daher in Hinblick auf seine schnell wechselnden Stimmungslagen belauert: In seinen euphorischen Hochs werden ihm oft auch Sachen untergeschoben, die er normalerweise nie durchgehen lassen würde (und das zu Recht).

Erträglich nur auf Distanz

Launenhafte bekleiden häufig Posten im mittleren Management. Meist ist ihre Launenhaftigkeit nicht hormon- oder schicksalsbedingt, sondern die Folge des berühmten Peter-Prinzips (das heißt, sie sind dabei, die Stufe der Inkompetenz zu erreichen oder haben sie schon erreicht). Euphorische Gefühle und Absturzängste wechseln in rascher Folge ab und werden unreflektiert dermaßen intensiv erlebt, dass sie sich nach außen nicht verbergen lassen. (In einer von einem Launenhaften geführten Gruppe oder Abteilung haben Karrieristen beispielsweise leichtes Spiel.)

Der Launenhafte ist in der weiteren Umgebung seiner Abteilung durchaus beliebt, weil man seine Stimmungen nicht so hautnah mitbekommt und ihn aus der Distanz betrachtet für tüchtig hält. So kommt es vor, dass man die gelegentlichen Beschwerden aus dem unmittelbaren Umfeld des Launenhaften für üble Nachrede hält (womit man die ohnedies unter ihm leidenden Kollegen gleich noch einmal »bestraft«).

Seine schlechte Laune (die er vor Fremden manchmal mit Schweigsamkeit kaschiert) hält man mittags in der Kantine oft für eine Folge von Überarbeitung oder für angespannte Nachdenklichkeit des ansonsten Fröhlichen. Der Freitag ist für ihn ein günstiger Wochentag, auch kurz vor Feiertagen oder vor seinem Urlaub lassen seine Emotionsattacken häufig spürbar nach.

Das mag der Launenhafte

Lieblingsessen: Kaiserschmarrn mit süßem Kompott

Lieblingsgetränk: Malzbier

Lieblingsmusik: Walzer von Strauß

Lieblingslektüre: Reiseberichte

Lieblingsfilm: »Manche mögen's heiß«

Wie geht man mit dem Launenhaften um?
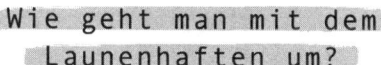

Wer von diesem Typ – beispielsweise als Chef – abhängig ist, sollte sich eine seelische Hornhaut zulegen (frei nach dem Motto: »Der ist halt so!«) oder schleunigst seine Versetzung beantragen. Weder mit Beten noch mit Hoffen wird man weiterkommen. In den verhängnisvollen Zustand der inneren Kündigung sollte man sich keinesfalls drängen lassen, weil man sonst Gefahr läuft, bald selbst zum launenhaften Typ zu werden.

Der Launenhafte braucht dringend jemanden, der ihm den Kopf zurechtsetzt beziehungsweise ihn freundlich, aber bestimmt auf sein zermürbendes Verhalten anspricht. (In Phasen des Zorns und der Aufgebrachtheit ist das natürlich sinnlos und logischerweise nicht zielführend.) Da im Allgemeinen aber Feigheit stärker verbreitet ist als Mut, findet sich selten jemand, der den unter dem Launenhaften Leidenden (und damit auch ihm selbst) diesen Liebesdienst erweist.

Vielleicht bittet man einen Kollegen, der das Haus verlässt oder in Ruhestand geht, um einen letzten Gefallen: zum Abschied ein offenes Gespräch mit dem Launenhaften zu führen. Ob's was hilft, ist fraglich.

Oder vielleicht lässt es sich arrangieren, dass sich der Launenhafte in eine Psychologin verliebt?

Der Langweiler

Das Ärgerliche an diesem Kollegen ist, dass er um seine Langweiligkeit nicht weiß und sich ganz im Gegenteil für einen interessanten, begehrenswerten Gesprächspartner hält. Er weicht seinen Opfern, beispielsweise bei Betriebsfeiern oder anderen Zusammenkünften, nicht mehr von der Seite und saugt deren Lebendigkeit und Temperament aus wie eine Spinne ihre Beute. Langweiler sind Emotionsvampire und lassen – geschickt versteckt unter dem Mäntelchen von Interesse und (schlecht) vorgespielter eigener Klugheit – die anderen die gesamte psychosoziale Arbeit tun.

Immer stur auf Abwehr

Erstaunlicherweise finden sich Langweiler oft in kreativen Teams, wo sie, ähnlich wie der Schweiger, den Überlegenen und scharf Denkenden geben. Sie brauchen lange, um ihre Meinung zu Ende zu formulieren (zu der sie meistens erst beim Reden kommen, frei nach dem Motto: »Woher soll ich wissen, was ich denke, solange ich nicht gehört habe, was ich sage?«), und bleiben, einmal auf eine Spur eingeschwenkt, unbeirrt bei dieser eingeschlagenen Richtung. Sie verfolgen sie mit erstaunlicher Zähigkeit und lassen keinen Einwand gelten, was sie durch einfaches nicht Zuhören oder das berühmte »Ja, aber ...« auf fast schon geniale Weise konsequent durchziehen.

Dieser Kollege ist konservativ bis auf die Knochen, schätzt sich selbst jedoch als »Trendsetter« ein, der das Ohr am Puls der Zeit hat. Seine angeblichen Innovationen sind für Leute mit scharfem Blick unschwer als irgendwo abgekupfert zu erkennen. Menschen, die Neues und noch nicht Dagewesenes ausprobieren und durchsetzen wollen, verzweifeln an den Abwehrstrategien des Langweilers und sind notfalls gezwungen, das Weite zu suchen. Die Geduld dieses Kollegen ist sprichwörtlich, wird jedoch von leidenschaftlichen Erneuerern als bedrohlicher Stillstand empfunden. Zumal der Langweiler jede Diskussion mittels mantrahaften Abspulens seiner einmal gefassten Ansichten aushebelt. (Eine Diskussion braucht mindestens zwei Teilnehmer – der Langweiler steht dafür jedoch geistig nicht zur Verfügung: Er schaltet unbarmherzig auf stur, was eine der gröbsten geistigen Gewalttätigkeiten ist, wie jeder weiß, der diesen Typ von Kollegen kennt.)

Risiko- und konfliktscheu, aber bienenfleißig

Erfolgsmuster – egal ob im Beruflichen oder Zwischenmenschlichen – wiederholt der Langweiler immer wieder so geschickt, dass nur wenige erkennen, wie da lediglich Uraltes in aufgebrezelter Form aufgetischt wird. Der Langweiler ist oft sentimental bis zum Kitsch, weshalb ihn viele weibliche Kollegen fälschlicherweise für einen Frauenversteher halten und anhimmeln. Bei risikoscheuen Vorgesetzten ist der Langweiler nicht minder beliebt, weil er am Bewährten klebt und daher keine risikobehafteten Entscheidungen herausfordert.

Der Langweiler sichert vertrautes Terrain ab und hütet alte Errungenschaften (und seien sie noch so überfällig) wie einen kostbaren Schatz. Konflikte sind sein Alptraum, und er geht ihnen mit bewundernswerter Geschicklichkeit aus dem Weg – dafür entwickelt er sogar manchmal ein wenig Temperament, zumindest aber erstaunliche Taktiken, die man ihm gar nicht zutrauen würde (und die durchaus intrigantes Potenzial beinhalten).

Der Langweiler ist zwar äußerst eitel, steht aber dennoch nicht gerne im Mittelpunkt. Am liebsten sind ihm Positionen, bei denen er noch einen (möglichst schwachen) Vorgesetzten oder Kollegen als Schutzschild vor sich hat. Denn so kann er sich am besten als unermüdlicher Arbeiter im Weinberg der Firma profilieren. Tatsächlich ist enormer Fleiß eine seiner hervorstechendsten positiven Eigenschaften. Für seine Ziele arbeitet er beharrlich und zäh. Wenn er etwas durchsetzen will, versucht er, Netzwerke zu spinnen und Bündnisse zu schmieden. Den so Ausgespähten geht er dann mit seinem Mantra, das er gnadenlos und unerbittlich immer wieder abspult, und mit seiner Nähe und seinen Ansinnen so lange um den Bart (und vielfach auf die Nerven), bis sie erschöpft nachgeben, nur um ihn endlich von den Hacken zu kriegen. (Diese Methode setzt er auch bei der Konfliktvermeidung ein.)

Garant für Kontinuität

Im Regelfall ist der Langweiler ein höchst wertvoller Mitarbeiter für Firmen, die nicht unter ständigem Innovationsdruck stehen, weil er Kontinuität garantiert. Wenn es nach ihm geht, bleibt alles beim Alten, selbst wenn es im neuen Look daherkommt. Das ist ein ressourcensparendes Vorgehen, das jedoch Gefahren birgt. (Irgendwann im letzten Jahrhundert hätten Pferdedroschken nun einmal keine Marktchancen mehr gehabt, auch wenn man sie wie Autos hätte aussehen lassen!) Firmen, die Langweilern zu lange Zügel lassen und zu viel Macht verleihen, vertreiben die wirklich innovativen Kräfte – die dann nicht vorhanden sind, wenn man sie dringend brauchen würde.

Das mag der Langweiler

Lieblingsessen:	Spinat mit Spiegelei
Lieblingsgetränk:	Radlermaß (Bier mit Limonade)
Lieblingsmusik:	Abba
Lieblingslektüre:	»Der kleine Prinz«
Lieblingsfilme:	mit Doris Day und Rock Hudson

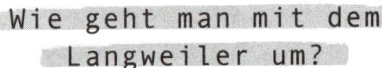

Wie geht man mit dem Langweiler um?

Erstaunlicherweise ist der Langweiler auch heute noch (oder gerade heute?) ein weit verbreiteter Kollegen-Typ. Für Vorwärtsdrängende ist er eine Strafe der Götter – wer sich mit dem Langweiler herumschlagen muss, hätte besser noch den Blödler aus dem großen Los-Topf gezogen.

Gegen den Langweiler ist kein Kraut gewachsen, selbst wenn man es um Mitternacht bei Vollmond pflücken würde und eine verwunschene Gans zur Freundin hätte. Sollten Sie von diesem Kollegen abhängig sein: Gratulation – Sie sind Zwerg Nase, aber im Unterschied zum Märchen werden Sie es auch bleiben.

Der Sportliche

Er kennt die Namen aller Drei- und Viertausender auswendig, nimmt während der Tour de France Urlaub, verfolgt das Neujahrsskispringen an mindestens einem der vier Austragungsorte live, hat im Sommer eine Bootshalterung auf dem Dach seines Autos und im Winter eine Ski-Box dort montiert. In seinem Büro steht ein kleines TV-Gerät, vor dem er während der Mittagspause (und manchmal auch außerhalb davon) zusammen mit ein paar Kollegen fasziniert hängt, um aktuelle Sportereignisse live mitzukriegen.

Der Sportliche ist durchtrainiert (kein überflüssiges Gramm Fett findet sich an seinem Körper) und stets braun gebrannt (was er durch helle Hemden, T-Shirts und Pullover kontrastreich betont). Er plädiert unermüdlich für mehr Bewegung und kämpft für einen Trimmpfad auf dem Firmengelände. Er trinkt keinen Tropfen Alkohol und kämpft zusammen mit der Gesundheitsfanatikerin einen unermüdlichen Kampf gegen den Kantinenwirt, um gesunde Kost durchzusetzen. (Wobei er sich mit der Kollegin in der Eiweißfrage nie einig wird – sie will Vegetarisches, er mehr Fleisch vom Biobauern, bei dem er auch privat einkauft …)

Dynamischer Typ mit reichlich Gesprächsstoff

Der Sportliche ist äußerst beliebt bei allen Kollegen: Die männlichen schätzen ihn ob der interessanten Gespräche, die sie mit ihm über alle Arten von Sport führen können, und der spannenden Geschichten wegen, die er von seinen Reisen und den stets recht abenteuerlichen Sporturlauben zu erzählen weiß. Er kennt Jan Ullrich und Boris Becker von Angesicht zu Angesicht, war beim Tauchen auf den Cayman-Inseln, hat sich schon an einer Eigernordwand-Besteigung beteiligt (die allerdings wegen der Witterungsverhältnisse abgebrochen werden musste) und ist angeblich mehrfacher Kajak-Sieger. Vor zwei Jahren begann er mit Golf (»Die tollsten Plätze sind auf Hawaii, da wollen wir demnächst im Urlaub hin!«), und zum Geburtstag hat er sich eine Ballonfahrt über die Alpen gewünscht. Im Sommer fährt er Gletscherski und im Winter geht er zum Eissegeln. Beim letzten Betriebsausflug hat er ein Bungeejumping für die Mutigeren unter den Kollegen arrangiert, wovon diejenigen, die den Sprung gewagt haben, heute noch schwärmen.

Die weiblichen Kollegen fühlen sich von seinem guten Aussehen und seiner unneurotischen, männlichen Ausstrahlung angezogen. Außerdem hat er wertvolle Fitness- und Diät-Tipps auf Lager und ist stets gut gelaunt.

Wertvoll für die Firma
(und den Boss)

Der Sportliche ist ein präziser und schneller Arbeiter, der seine Abgabetermine auf den Punkt einhält und dessen Ehrgeiz darin liegt, in Firmenangelegenheiten wenn schon nicht der Erste, so doch unter den besten drei zu sein. Alle seine Angaben und Auskünfte haben Hand und Fuß, und Teams führt er so sicher »am Seil« wie ein staatlich geprüfter Bergführer (*sein* Vergleich!). Bosse schätzen ihn wegen seiner Gradlinigkeit und Zuverlässigkeit und bewundern ihn sogar ein wenig. Wenn der Sportliche von einem seiner Event-Urlaube zurück ist, sucht ihn der Chef oft schon am ersten Tag auf, um sich berichten zu lassen, »wie es so war«. (Manchmal erkundigt sich die Chefsekretärin kurz darauf nach den Reiseverbindungen und den Hotels, weil sich der Chef angeregt fühlt, es dem Sportlichen nachzutun.)

Der Sportliche ist ein Anhänger jeglicher Art von Rationalisierungen und sorgt – soweit es in seiner Macht liegt – dafür, dass die Firma stets mit dem modernsten Equipment ausgestattet ist. Als andere vor Jahren noch darüber brüteten, welche Computerprogramme installiert werden sollten, schwitzten die Kollegen des Sportlichen schon in den ersten Fortbildungsprogrammen. Der Sportliche setzt alles daran, dass seine Firma auf ihrem Gebiet zu den Marktführern gehört, zumindest aber auf der Imageliste einen vorderen Platz einnimmt.

Aufgrund seines Insiderwissens den Sport betreffend, kennt er sich vor allem auf dem Gebiet der Technikinnovationen enorm gut aus (zahlreiche Neuheiten kommen – so wie früher aus der Raumfahrt – inzwischen aus der Welt des Sports). Weshalb dieser Kollege bei wichtigen Ein- oder Verkaufsverhandlungen mit an vorderster Front ist, weil er alle Geschäftspartner mit seinem enormen Wissen beeindruckt und überzeugt.

Vielseitigkeit ist Trumpf

Obwohl technikorientiert, ist der Sportliche meistens ein sehr naturverbundener Mensch, der um die Nachteile des Massentourismus für die Umwelt weiß. Er verfolgt interessiert (aber nicht unkritisch) die Aktionen von Greenpeace, schimpft über die stupide Kraftmeierei und mangelnde Eleganz des deutschen Fußballs und bekommt glänzende Augen, wenn von Muhammad Ali die Rede ist.

Er schätzt gutes Design, interessiert sich für Architektur und liebt jede Art von eleganter Bewegung (Synchron-Turmspringen, Ballett und lateinamerikanische Tänze). Sein Traum ist eine Harley Davidson, auf die er jedoch aus Liebe zu seiner Frau verzichtet.

Das mag der Sportliche

Lieblingsessen: T-Bone-Steak mit gebackener Kartoffel und
Salat

Lieblingsgetränk: Mineralwasser oder Red Bull

Lieblingsmusik: Verdi-Opern und Tango

Lieblingslektüre: Sportlerbiografien und »GEO«

Lieblingsfilm: »Bitterer Lorbeer« und »Wie ein wilder Stier«

Wie geht man mit dem Sportlichen um?

Der Sportliche ist – zumindest in der intelligenten Version – ein herrlich unneurotischer, gradliniger Kollege, auf den Verlass ist und der durchaus nicht so eindimensional denkt, wie ihm das Vorurteil manchmal unterstellt. Mit ihm kommt eigentlich jeder wunderbar klar, es sei denn, er ist faul, fett und unbeweglich (Letzteres vor allem im übertragenen Sinn). Man muss sich nicht einmal zwingend für Sport begeistern, um gemeinsame interessante Gesprächsthemen zu finden, und in seinem Team zu arbeiten bedeutet meistens, an großen Firmenerfolgen beteiligt zu sein.

Für junge Leute und Berufsanfänger ist er Vorbild.

Das Weichei

Seine Meinung ist so wandelbar wie die Farbe eines Chamäleons und seine Standpunkte so wechselhaft wie die Börsenkurse. Er ist der Wetterhahn auf der Turmspitze der Firma, und seine typische Handbewegung vollzieht er mit dem Kopf: Wie bei einem Tennismatch verfolgt er die Argumente seiner Kollegen – ständig hin und her, hin und her. Bei wem sich der Ball (das heißt, das Wohlwollen des Chefs und der vorgesetzten Kollegen) gerade befindet, dessen Meinung neigt auch das Weichei zu. Dieser Kollege ist nur bedingt satisfaktionsfähig, weil sein angeborener Opportunismus schon fast mitleiderregend ist.

Prügelknabe, der sich zu wehren weiß

Das Weichei ist in jeder Firma in zahlreichen Varianten anzutreffen und als solches auch unverzichtbar, weil es sozusagen die Rasenfläche abgibt, auf der alle anderen ihre Spielchen aufziehen. Damit kein Missverständnis aufkommt: Das Weichei ist nicht der Boden, der die Kollegen trägt, sondern die Abfederung für all jene, die im Eifer des Gefechts stolpern oder ausrutschen (sprich: Fehler machen). Bevor sie hart fallen, ist da noch das Weichei, dem man alle Schuld in die Schuhe schieben kann.

Dieser Kollege ist niemals an verantwortlichen Stellen anzutreffen, wird aber gerne für vieles verantwortlich gemacht. Er ist der typische Wasserträger, die Arbeitsameise und wenn's ganz schlimm kommt, auch schon mal der Mohr, den man anschreit, wenn er seine Schuldigkeit getan hat. Das Weichei gleicht einem wirbellosen Lebewesen, ist aber gerade deshalb äußerst flexibel und hart im Nehmen. (Was aus seiner auf Erfahrung beruhenden Gewissheit resultiert, dass Prügelknaben immer Konjunktur haben.)

Man sollte sich über diesen Kollegen allerdings keine Illusionen machen. Er ist nicht gänzlich willenlos und schon gar nicht wehrlos, wenn ihm zu übel mitgespielt wird. Denken Sie nur an das längst aufgeklärte Missverständnis über das Wesen der Schakale und Kojoten: Nur weil sie mit geducktem Körper, schräg schnürend und mit eingeklemmten Schwanz laufen, hält man sie für feige und wenig effektiv. Dennoch verfügen sie über ein hochgefährliches Gebiss und ein Sozialverhalten, die ihnen das Überleben (schon seit Urzeiten und auch weiterhin) sichern. Ihre angebliche Feigheit ist nichts anderes als eine ausgeklügelte Überlebensstrategie. Wenn ein Weichei dann doch einmal die Wut packt, wird er mit lächelndem Gesicht zum Angriff übergehen. Still, leise und unauffällig, aber effektvoll.

Unbeachtet, aber in Gefechtsbereitschaft

Da Weicheier in der Firmenhierarchie keine Rolle spielen, werden sie nicht wichtig genommen und ihre Aktivitäten außerhalb der eigentlichen Tätigkeit nicht sonderlich beachtet. Ihre ehrliche Meinung ist nicht wirklich gefragt. Daher ist der mächtigste Schutz des Weichei-Kollegen vor allzu mieser Behandlung die Tatsache, dass er nicht allein ist. Es gibt mehr »Ohnmächtige und Unwichtige« in einer Firma als umgekehrt. Und sie können zu einer schlagkräftigen Armee von unkontrollierbaren Racheengeln werden, wenn einer der ihren Hilfe braucht. Denn die Firmen-Buschtrommeln werden nicht von den Führungskräften geschlagen, sondern von denjenigen, die ansonsten keine lauten Töne von sich geben.

Wenn sie, nur für eingeweihte Ohren hörbar, zum Krieg trommeln, können Betroffene ihre blauen Wunder erleben. Das Mindeste, was diese Armee erreichen kann, ist eine nicht so recht definierbare schlechte Arbeitsatmosphäre, die sich wie Zucker im Tank eines Autos auswirkt. In solchen Kriegszeiten verschwinden wichtige Unterlagen wie von Geisterhand, ist der Chef nicht zu sprechen, wenn es darauf ankommt, stürzen Computer ab, geht das Firmenbriefpapier aus und greifen Erkältung und Magen-Darm-Grippe epidemisch um sich. Das sind die Mittel, mit denen das Imperium der Zahlreichen zurückschlägt.

Der Weichei-Kollege muss dafür keinerlei Intrigen anzetteln. Ein eher beiläufiges Kantinengespräch unter Leidensgenossen, bei dem nicht einmal die kleinsten Beschlüsse gefasst werden müssen, genügt vollauf. Schon nimmt das Verhängnis seinen Lauf.

Klüger, als man denkt

Es gibt übrigens triftige Gründe, warum der Weichei-Typ so gut wie nie Stellung bezieht und seine Standpunkte danach auswählt, was sein Gegenüber hören will: Wer nicht auf Karriere aus ist (und auch nicht die geringsten Chancen darauf hat oder sieht), sondern einfach nur unbehelligt eine möglichst klar strukturierte Arbeit tun und am Abend pünktlich nach Hause gehen will, der hängt sich nicht aus dem Fenster. Es ist einfacher, den Opportunisten zu geben (der ohnedies in fast allen Menschen als Grundstruktur angelegt ist – alles andere muss man sich meist hart erarbeiten), als ohne Aussicht auf Belohnung zwischen die Fronten zu geraten. So gesehen ist das Weichei durchaus ein kluger Mann. Und zu seinem heimlichen Vergnügen weiß er, wie die (Firmen-)Büchse der Pandora zu öffnen ist, wenn man ihm zu sehr zusetzt.

Das mag das Weichei

Lieblingsessen:	Schweizer Wurstsalat
Lieblingsgetränk:	Milchkaffee
Lieblingsmusik:	Musicals
Lieblingslektüre:	»Reader's Digest«
Lieblingsfilm:	»Meuterei auf der Bounty«

Wie geht man mit dem Weichei um?

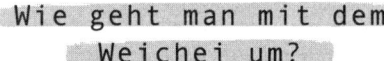

Für das Weichei ist keine spezielle Umgangsweise von-nöten (außer der normalen Höflichkeit, die man grund-sätzlich jedem Menschen angedeihen lassen sollte), und es ist auch keine besondere psychologische Raffinesse notwendig, um mit diesem Kollegen ein gutes Verhältnis zu haben. Es genügt zu wissen, dass es keinen Sinn hat, ihn um irgendeinen Rat zu fragen (wobei auf diese Idee ohnedies kaum jemand käme) oder ihn auf irgendeine Seite ziehen zu wollen.

Es gibt nur eine Regel: Lass weder deine Wut noch deine schlechte Laune ausgerechnet an diesem schwächeren Glied der Kette aus. Das wäre nicht nur unfair, sondern auch riskant. Die Gemeinschaft der Schwachen sollte man niemals unterschätzen. Denn darin liegt ihre Stärke.

Der Rambo

Wie er es dorthin geschafft hat, weiß sich (außer denen, die dabei waren) kein Mensch zu erklären (»Früher war der nicht so brutal!«), aber der Rambo ist in den meisten Fällen schon ziemlich weit oben auf der Karriereleiter angelangt. Und die paar Sprossen, die ihm noch fehlen, um sich den Lorbeerkranz des Cäsar endgültig aufs Haupt zu setzen, sind nur mehr eine Frage der Zeit. Er lebt nach dem Motto: »Leichen pflastern meinen Weg!«, und bildet sich gerade darauf eine Menge ein. Vor allem kann er sich auf die abschreckende Wirkung dieser Maxime verlassen: Ohne Not legt sich niemand mit dem Rambo an.

Alphatier und Rudelführer

Der Rambo ist handlungsorientiert und ungewöhnlich entschlussfreudig, seine sowieso nicht übermäßig stark ausgeprägte Sensibilität schwindet zunehmend mit jedem neuerlichen Erfolg und Machtzuwachs. Beides stellt sich bei diesem Kollegen fast wie von selbst ein. Obwohl nicht zimperlich im Austeilen, drängen sich dennoch sowohl begeisterungsfähige als auch

»karrieregeile« Kollegen rudelweise in Teams, die von diesem Alphatier geführt werden. Sie wissen, mit dem Rambo an der Spitze befinden sie sich auf jeden Fall auf der Siegerstraße. Dieser Kollege nötigt sogar denen Respekt ab, die mit seiner groben und rücksichtslosen Art, mit Menschen und Projekten umzugehen, nicht einverstanden sind.

Allerdings ist es für niemanden – selbst für Gleichrangige, aber auch nicht für Ranghöhere – ratsam, Kritik am Egoismus und der Rücksichtslosigkeit des Rambos zu üben. Er ist intelligent (zumindest höchst clever) und von keinerlei Skrupel gefesselt, sodass er Mittel und Wege findet, die kritischen Stimmen zum Schweigen zu bringen. Das tut er nicht im Verborgenen – Intrigieren liegt ihm nicht –, sondern gewöhnlich in direkter Konfrontation und mit offenem Visier. Allein schon Stimme und Gestik des Rambo-Kollegen demonstrieren jedem Gegenüber, wer hier (falls noch nicht jetzt, so aber bald) Herr im Ring ist.

Verehrt und gefürchtet

Alle diese Führungseigenschaften hat sich der Rambo jedoch nicht aus der Management-Literatur angelesen (obwohl es manchmal so aussieht, als hätte er seinen Machiavelli schon in jungen Jahren auswendig gelernt), sondern sie beruhen offensichtlich auf einer angeborenen Leithammelrolle und einem eisernen Willen zur Macht.

Da die meisten Menschen (außer dem Rambo selbst) nichts so sehr lieben wie starke, selbst- und siegessichere Führungspersönlichkeiten, wird der Rambo von seinen engsten Mitarbeitern manchmal geradezu fanatisch verehrt und geliebt, von seinem weiteren Umfeld geschätzt und zugleich gefürchtet. Der Rambo verteilt seine Gunstbezeugungen freigiebig an seine Anhänger und an die, die willfährig sind und die er für nützliche Begleiter auf seinem Weg nach oben hält. Kollegen, die sich nicht so verhalten, wie er sich das vorstellt, ignoriert er, und das so offensichtlich, dass auch seine Anhänger sie vorsichtshalber schneiden. Er ist der Sonnenkönig, und die im Schatten sind aus dem Spiel.

An ihm kommt keiner vorbei

Wer in Firmen, in denen ein Rambo auf dem Weg nach oben ist, eine neue Idee hat oder ein Anliegen durchsetzen will, geht (wenn er karrierebewusst und opportunistisch ist) nicht zuerst zu seinem eigenen Vorgesetzten oder zum obersten Boss, sondern fragt zuvor den Rambo, was der davon hält. Ihn an seiner Seite zu haben ist zwar noch keine Garantie für das Gelingen des Vorhabens, schließt aber zumindest aus, dass es vom Rambo aus einem unerfindlichen Grund torpediert wird. Außerdem sind viele Kollegen eher von einer Idee beeindruckt, von der man sagen kann, sie habe den Segen des Rambos. So zieht dieser Kollegen-Typ durch machtvolles Imponiergehabe immer weitere Macht an sich: Daher weiß der Rambo über Vorgänge und Ideen Bescheid, die noch nicht einmal bis zum Chef vorgedrungen sind.

Ein besonderes Talent des Rambos besteht darin, andere für sich arbeiten und denken zu lassen. So hat er Zeit, um anderen

zuzuhören, sie dabei geschickt auszuhorchen und für sich ein-
zuspannen, Unterschwelligem (wie beispielsweise den Busch-
trommeln) nachzugehen, Dinge einzufädeln (oder die anderer
»auszufädeln«) und taktische Überlegungen anzustellen und in
die Tat umzusetzen.

Verliebt in Statussymbole

Der Rambo schmückt sich gerne mit Statussymbolen (von der
exklusiven Automarke bis zu seinen häufig wechselnden Ge-
spielinnen) und kleidet sich exquisit bis auffällig. Er kennt sämtliche teuren und angesagten Restaurants im ganzen Land und ist
der König der Spesenabrechnung. Am Montag und am Freitag
taucht er oft in (ausgesuchter) Freizeitkleidung auf – so als käme
er in seiner karierten kanadischen Jacke gerade vom Fliegenfi-
schen zurück oder hätte einen Golftermin und keine Zeit mehr
zum Umziehen.

Das mag der Rambo

Lieblingsessen:	Spanferkel
Lieblingsgetränk:	Pils
Lieblingsmusik:	Rolling Stones
Lieblingslektüre:	»Die Nackten und die Toten«
Lieblingsfilm:	»Brennendes Inferno«

Wie geht man mit dem Rambo um?

Der Rambo ist der Platzhirsch unter allen Aufsteigern, und in Firmen, die mit genügend Spezialisten und Experten ausgestattet sind, kann er wahre Erfolgswunder bewirken. Feingeister haben jedoch Probleme mit seiner Brutalität und leiden unter ihm.

Wer es mit dem Rambo zu tun hat, der muss Farbe bekennen. Da gibt es kein Durchlavieren, kein Herummogeln und kein Differenzieren: Entweder man tickt nach dem Takt, den der Rambo vorgibt, oder man darf sich warm anziehen.

Sein Motto lautet: »Wo ich bin, ist immer oben« und »Was ich sage, ist auf jeden Fall die für alle verbindliche Wahrheit, selbst wenn es eine Lüge ist!« Wer damit ein Problem hat und sich vor dem damit verbundenen Sündenfall fürchtet, der hat ein wirkliches Problem. Wer diesen Pakt unterschreibt, sollte seinen »Faust« gelesen haben.

Der Weiberheld

Er ist Experte für teure Duftwässerchen (besitzt einen Ausweis für einen Parfümerie-Discounter), kleidet sich nach der neuesten Mode (was ihn mit der Angeberin verbindet) und ist unschlagbar im Süßholzraspeln. Entweder sieht er aus wie ein männliches Model oder ist auf interessante Weise »hässlich« (nicht nur Frauen kennen diesen Männer-Typ, über den man sagt: »Er ist so hässlich, dass er schon wieder schön ist!«). Auf jeden Fall hält sich der Weiberheld für die Ikone von einem Mann beziehungsweise für einen, der die besten aller männlichen (von Frauen begehrten) Eigenschaften in sich vereint. In der Firma sucht er oft die Nähe des Sportlichen (der ihn allerdings als lächerlich empfindet und für seine Mitgliedschaft in einem Fitness-Club verachtet), des Blödlers (den er wegen seiner Sprüche und Witze bewundert) und des Rambos (den er um seine Macht beneidet und ihm daher stets »zu Willen« ist).

Unterhaltsamer Meister
des schönen Scheins

Der Weiberheld hat einen gepflegten oder zumindest trainierten Geschmack, Sinn für Luxus und gutes Leben (für Essen und Trinken zu zweit in edler Umgebung gibt er einen Großteil seines Gehalts aus). Er arbeitet bevorzugt in der Medien- oder Unterhaltungsbranche oder hat zumindest gute Verbindungen dorthin, versteht viel von Werbung und schicker Verpackung – mit anderen Worten, er ist ein Meister des schönen Scheins.

Die Methoden des Weiberhelden sind nicht immer die subtilsten (frauenfeindliche Jokes würden ihm allerdings nie über die Lippen kommen, so wie es dem Blöder oft passiert), dennoch ist er bei den meisten Kolleginnen durchaus beliebt, weil er sich höflich und zugewandt gibt und es manch einer Spaß macht, mit ihm zu flirten. Außerdem kann man sich mit ihm gut über Mode, die feine Küche, die neuesten Wunderdiäten und den aktuellsten Promi-Klatsch unterhalten.

Als einer der ganz wenigen männlichen Kollegen gibt der Weiberheld offen zu, dass er Spaß an Gerüchten (für die er selber oft Anlass bietet) und Firmenklatsch hat – ja, er tratscht sogar bereitwillig mit (und weiter). Er liest beim (Promi-)Friseur, wo er sich Strähnchen färben oder dezent-raffinierte Tönungen machen lässt, dieselben bunten Blätter wie die weiblichen Kollegen und ist daher societytechnisch absolut auf der Höhe der Zeit. (Der Rambo – der solche Lektüre für absolut unter seiner Würde hält – bezieht seine gesellschaftlichen In- und Out-Kenntnisse vom Weiberhelden. Er lässt sozusagen vom Weiberhelden lesen.)

Techtelmechtel und noch mehr

Der Weiberheld ist – ganz im Gegensatz zur Liebessüchtigen – nicht nur Theoretiker, sondern (aus Gründen der Zeitersparnis) durchaus an handfesten Liebesabenteuern innerhalb der Firma interessiert (jedoch schlau genug, die Finger von Kolleginnen zu lassen, die gebunden sind). Da er ständig mit fast allen Frauen der Firma in der einen oder anderen Form charmanten Kontakt hält, kann er es meistens (zumindest eine Weile) geschickt vermeiden, die engere Beziehung zu einer ganz Bestimmten offensichtlich werden zu lassen.

Bei Betriebsfesten schlägt dem Weiberhelden jedoch oft die eine oder andere ungute Stunde: Wenn der Alkohol die Zungen und die Konventionen löst und er gerade dabei ist, engere Bande mit einer neuen potenziellen Gespielin zu knüpfen, kommt es vor, dass eine abgelegte (die bisher aus Scham geschwiegen hat), eine aktuelle (die vor Eifersucht fast platzt) und eine zukünftige Geliebte (die, mit der er gerade tändelt) sich in die Haare kriegen und einen Eklat vom Zaun brechen.

Doch der Weiberheld wäre nicht ein Meister im Sich-Herausreden, wenn nicht schon in kürzester Zeit (fast) alles wieder gut wäre. Wenn dann die Betrogenen von den meisten Geschlechtsgenossinnen nur Kopfschütteln ernten: »Mit dem fängt man doch nichts an, wenn man noch alle Tassen im Schrank hat!«, schüttelt manch eine den Kopf mit, die es sich eigentlich und genau genommen gar nicht leisten kann.

Job-Hopper bei Bedarf

Karrierefördernd sind die amourösen Eskapaden des Weiberhelden gewiss nicht (zumal ihn seine ständigen »Minnegesänge«, Flirts und Auftritte als Frauenversteher ziemlich oft von der Arbeit ablenken). Da er aber meist auf einer mittleren Ebene in die Firma eingestiegen ist, hatte er es nicht nötig, sich hochzuarbeiten, sondern sitzt von Anfang an da, wo er beruflich hinwollte. Wenn er weiterkommen will, wechselt er die Firma – deshalb sind Weiberhelden sehr oft Job-Hopper. (In schlechteren Zeiten, wo das Wechseln nicht mehr ganz so einfach ist, brechen dann für ihn die »sieben mageren Jahre« an.)

Bei Meetings oder in der Kantine hält sich der Weiberheld aus Imagegründen eher an seine favorisierten männlichen Kollegen: Erstens möchte er gegenüber denen nicht als zu weich erscheinen, und zweitens kann er bei der Gelegenheit den anvisierten Frauen signalisieren, dass er zu den Leitwölfen gehört.

Das mag der Weiberheld

Lieblingsessen: Leber venezianisch mit Selleriepüree

Lieblingsgetränk: Prosecco

Lieblingsmusik: Tom Jones

Lieblingslektüre: »Playboy«

Lieblingsfilm: »Pretty Woman«

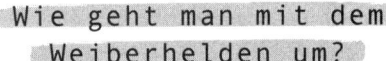

Wie geht man mit dem Weiberhelden um?

Der Weiberheld ist ein Kollege, der nicht jede(n) amüsiert, obwohl er gelegentlich – unfreiwillig – zur Unterhaltung beiträgt. Seine Schwäche ist, dass er sich für unwiderstehlich hält. Aber: Er riecht gut.

Im Grunde ist dieser Kollege pflegeleicht und verursacht nur den Männern in der Firma Bauchschmerzen, denen er bei deren eigenen Avancen in die Quere kommt, oder den Frauen in der Firma, die ihm auf den Leim gegangen sind. Betriebsräte und aufmerksame Chefs sehen die Sache nicht ganz zu Unrecht manchmal etwas kritischer.

Trotzdem gilt: Jeder passt auf sich selber auf. Wer sich mit dem Weiberhelden näher einlässt, muss das Lied »Wer wird denn weinen beim Auseinandergehen« kennen. Ansonsten heißt es: »Bei drei sind alle auf den Bäumen.«

Der Lastenträger

Er arbeitet wie ein Pferd, lädt sich selbst stets freiwillig zu viel auf, kann nicht Nein sagen (und bekommt deshalb stets noch mehr aufgepackt): Er ist der Sisyphos unter den Kollegen – sein Arbeitselend nimmt und nimmt kein Ende. Der Lastenträger hält sich für einen großartigen Organisierer (leider ist das Gegenteil der Fall) und glaubt, selbst Aussichtsloses noch retten zu müssen. Bevor er sich arbeitstechnisch geschlagen gibt, arbeitet er lieber die Nächte durch. E-Mails, die vom Lastenträger kommen, tragen oft Uhrzeiten, die weit nach Mitternacht liegen, was ihm bei oberflächlichen Betrachtern das Image einer »Stütze der Gesellschaft« einträgt. (Die Scheidungsrate bei Lastenträgern ist überdurchschnittlich hoch.)

Übersteigertes Verantwortungsgefühl

Der Lastenträger tappt in selbst gestellte Fallen: Er ist klug und daher wissbegierig auf alles, was ihn interessiert. Da ihn aber fast alles interessiert, will er alles selber wissen und erfahren, weshalb er es nicht fertig bringt zu delegieren. Auf diese Weise türmen sich Akten auf seinem Schreibtisch und ungelesene E-Mails auf dem Rechner zu schwindelerregenden Bergen, bei denen der Lastenträger irgendwann den Überblick verliert. Die Folge ist, dass er ab einem bestimmten Punkt Wichtiges von Unwichtigem nicht mehr unterscheiden kann, was neuerlichen, noch größeren Arbeitsdruck hervorruft.

Der Lastenträger hat ein völlig übersteigertes Verantwortungsgefühl, das alle diejenigen ausnutzen, die selbst zu wenig davon haben (von denen es in Firmen, die einen Lastenträger »beherbergen«, jede Menge gibt). Er lässt sich den Druck, unter dem er steht, jedoch meistens nicht anmerken – was ihn zusätzliche (enorme) Kraft und Zeit kostet.

Die freundliche Art des Lastenträgers macht ihn äußerst beliebt bei allen Kollegen und auch bei seinen Vorgesetzten (die natürlich die wahren Gründe für seine Arbeitswut erkennen, diese aber gar nicht erst versuchen abzustellen – bringen sie doch der Firma mehr Vor- als Nachteile). Für viele in der Firma ist er Beichtvater, Ratgeber und Tröster zugleich, was ihm weitere (seelische) Lasten aufbürdet und diejenigen, die sich eigentlich um die Probleme dieses Kollegen kümmern sollten, entlastet.

Nervös und unorganisiert

Der Lastenträger fühlt sich innerlich ständig von allen Hunden gehetzt. Die Anzeichen dieser – im Übrigen gesundheitsgefährdenden – Daueranspannung können jedoch nur sehr gute Menschenkenner und scharfe Beobachter wahrnehmen: Ein ständiges Wippen in den Knien, ein gelegentlich nervöses Zupfen an den Ohrläppchen und ein meistens gleich bleibendes, freundliches Lächeln (selbst in Situationen, zu denen es nicht unbedingt passt) – das sind die Masken, hinter denen sich der Lastenträger versteckt. Er ist »der gute Mensch vom x-ten Stock« und Anlaufstelle für alle »Mühseligen und Beladenen«.

Dabei könnten diejenigen, die ihn in seinem Büro aufsuchen, eigentlich mit einem einzigen Blick erkennen, dass sie sich auf einem untergehenden Schiff befinden: Das Büro des Lastenträgers gleicht einem nur flüchtig aufgeräumten Papierwarengroßhandel nach einem Wirbelsturm. Der Schreibtisch ist voller Aktenstapel, übersät mit E-Mail-Ausdrucken, aufgeschlagenen Fachzeitschriften, Statistiken, Fotokopien und gelben Post-it-Notizen in allen Größen. Letztere kleben sogar zuhauf auf dem Computerbildschirm und neben der Tastatur, ja selbst auf dem Schwenkarm der Schreibtischlampe finden sich Merkzettelchen. In ganz schlimmen Fällen ist auch der Boden mit Unterlagen nahezu bedeckt, vom Besucherstuhl ganz zu schweigen. Mit einer entschuldigenden Bemerkung: »Moment, ich räum das nur mal schnell zur Seite!«, macht der Lastenträger den Stuhl für seinen Besucher frei und bietet ihm Platz an.

Ein Leben für die Firma

Seine Freundlichkeit, Hilfsbereitschaft und der unermüdliche Arbeitseifer des Lastenträgers haben zur Folge, dass die Geschäftsleitung beschließt, sich dankbar zu erweisen und ihn zu befördern. Was ihm zwar eine Gehaltserhöhung einbringt, aber abgesehen davon eher einer Katastrophe gleichkommt: Jetzt hat er noch mehr Konferenzen, Außentermine und Projektüberwachungen zu bewältigen – eigentlich könnte er gleich seine Zelte in der Firma aufschlagen. (Es kommt tatsächlich manchmal vor, dass er nicht mehr nach Hause fährt, wenn es sehr spät geworden ist. Deshalb hat er längst ein frisches Hemd und einen Not-Kulturbeutel in einer seiner Schreibtischschubladen deponiert. Für alle Fälle.)

Dem Lastenträger sind eigene Interessen im Lauf der Zeit völlig abhanden gekommen. Er hat nicht nur seine früheren Träume und Ziele, sondern auch sich selbst aus dem Auge verloren. So fährt er sein total überzogenes Arbeitspensum wie in Trance und absolviert sein teilweise absurdes Workaholic-Programm so, als hätte ihn eine höhere Macht beauftragt, den Firmen-Karren ganz alleine zu ziehen. Die Nutznießer freut es (aber sie sollten sich was schämen!).

Das mag der Lastenträger

Lieblingsessen: Pizza

Lieblingsgetränk: schwarzer Kaffee und Cola

Lieblingsmusik: Blues

Lieblingslektüre: www.perlentaucher.de

Lieblingsfilm: Woody Allens »Stadtneurotiker«

Wie geht man mit dem Lastenträger um?

Im Umgang mit diesem liebenswürdigen, aber bedauernswerten Kollegen erweist sich, wes Geistes Kind man selber ist. Wer einem Lastenträger ohne Not – nur dessen Mentalität und Schwachstellen ausnutzend – zusätzliche Arbeit aufhalst und ihn mit dem eigenen Kram belastet, ist ein schlechter, unanständiger Kollege.

Wirklich helfen kann man dem Lastenträger nicht – das kann ausschließlich er selber besorgen. Wer es gut mit ihm meint, bereitet Sachverhalte und Projekte, die der Lastenträger entscheiden muss, so sorgfältig und übersichtlich vor, dass er möglichst wenig Arbeit damit hat. Leider läuft es meist andersherum: Der Lastenträger ist ein Masochist, und so einer zieht Sadisten zwangsläufig an wie Honig die Bären.

Der Schleimer

Er ist der Wurm in jedem Firmenapfel und trieft vor gespielter Freundlichkeit. Der Schleimer ist ein Ja-und-Amen-Sager vor jedem Herrn, beflissen wie ein Lakai und ein falscher Fuffziger zum Gotterbarmen. Man kennt diese Figuren aus alten Romanen (Charles Dickens hat sie und ihre Bücklinge bei aufgehaltener Hand wunderbar nachgezeichnet) oder historischen Filmen, aber sie tauchen auch im modernen Gewand immer wieder auf und sind offenbar nicht auszurotten. Im Gegensatz zum Weichei, das sich chamäleonhaft, doch ohne größere Emotionen den jeweils angesagten Gegebenheiten anpasst, ist dem Schleimer die Katzbuckelei und Arschkriecherei offenbar nicht nur adäquate Methode, sondern auch ein angeborenes Bedürfnis.

Leicht durchschaubarer Speichellecker

Es gibt dennoch mehr Firmenmitglieder, die auf das süßliche Gelaber und die ständigen Anbiedereien des Schleimers hereinfallen (oder auch aus egoistischen Gründen darauf eingehen), als man gemeinhin annehmen möchte. (Viele wollen zunächst vielleicht nur höflich auf seine Sirupartigkeit reagieren, was sie aber bald bereuen, denn sie werden den dankbaren Speichellecker daraufhin nicht mehr los.) Im Gegensatz zur Schmeichlerin, die sich ihre Freundlichkeit antrainiert, ihrem eigenen Wesen halbwegs angepasst und als Acht-Stunden-Maske zugelegt hat, ist der Schleimer dermaßen bäuchlings-anbiedernd und unecht, dass man seine Absichten (zumindest bei klarem Firmenwetter) schier mit Händen zu greifen vermag (und im Regelfall verstimmt ist).

Weibliche Kolleginnen haben dafür oft ein weitaus besseres Gespür als die Männer – viele Frauen empfinden den Schleimer als äußerst unangenehm und strafen ihn mit kühler Nichtbeachtung. Vorgesetzte hingegen, die nicht sattelfest und von angekränkeltem Selbstbewusstsein sind, lassen sich gelegentlich ihren Ego-Akku aufladen. Und diejenigen unter ihnen (es gibt sie – leider!), die gar keinen Widerspruch oder vielleicht nicht einmal eine Diskussion ertragen können, geben dem Schleimer sogar Gelegenheit zu Karrieren. Auf die Weise wissen sie ständig einen Palmwedler und Weihrauchschwenker an ihrer Seite.

Hofnarr in der Firmenmanege

Der Schleimer hat ein paar Methoden der kaum verhüllten Chefanbetung und symbolischen Füßeküsserei drauf, die allerdings bemerkenswert sind: Er kann ganz gut erzählen, manchmal sogar Stimmen imitieren, und das nutzt er, um irgendwelche Anekdoten und Erfolgsstorys eines Vorgesetzten (oder wichtigen Kollegen) dem Vergessen zu entreißen. Der Schleimer stilisiert sie zu (unterhaltsamen) »Heldensagen« hoch und bläst sie zu filmreifen Szenen auf, die er in Anwesenheit des so »Besungenen« einem größerem Publikum darbietet. Das bauchpinselt den Chef, stellt aber gleichzeitig auch die Vortragskunst des Lobpreisers heraus. Größerer Applaus des Kollegiums ist schon deshalb garantiert, weil sich dies in Anwesenheit des Chefs aus Höflichkeit ihm gegenüber schlecht vermeiden lässt. Hat die Zirkusnummer erst einmal geklappt, wird der Schleimer sie beibehalten, kultivieren und sogar ausbauen. Und täglich grüßt das Murmeltier.

Im Laufe dieses Anbiederungsprogramms entwickelt der Schleimer eine geschickte Masche, auch seine eigenen Taten herauszustellen. Er tarnt sie in seinem Vortrag als Erkenntnisse, die er dem Chef zu verdanken habe, weil es ihm gelungen sei, dessen Erfahrungsblickwinkel (und den daraus resultierenden Standpunkt) einzunehmen. Natürlich gelänge ihm das noch nicht immer perfekt, wie er betont, aber immer öfter. In Konferenzen, die der Schleimer mit dieser Seifenoper in eigener Sache »bereichert«, fühlen sich die Anwesenden, als würden sie mit Zuckerwatte zwangsgefüttert. Doch alles Augenverdrehen gen Himmel nützt gar nichts – wenn der Troubadour der Mächtigen einmal das Ohr eines Firmentitanen hat, heißt es Zähne zusammenbeißen und gute Miene zum ekelhaften Spiel machen.

Beflissen und intrigant

Der Schleimer ist im Regelfall nicht nur beflissen, sondern auch tatsächlich fleißig. Auf der Suche nach Knochen, die er seinem

Herrn schwanzwedelnd zu Füßen legen kann, wühlt er sich aufmerksam durch Akten und Fachliteratur und scheut nicht davor zurück, dem Chef Zitate von Management- oder Wirtschaftsgrößen in den Mund zu legen. Auch den Wirtschafts- oder den Finanzminister glaubt er voll auf der Linie des Chefs zu sehen, was diesen wiederum freut. Damit diese gestohlenen und verlogenen Worte nicht vom Winde verweht werden, baut der Schleimer sie geschickt in seine Memos und E-Mails ein, auf dass sich der Ruhm des Angeschleimten (zusammen mit dem des Verfassers) möglichst weit verbreite.

Auf diese Weise gewinnt der Schleimer Meter um Meter an Land. Da angekommen, kann er seine Maske etwas lockern: Jetzt hat er Luft und Zeit und kann den Augenverdrehern und erkennbar Angewiderten seine Aufmerksamkeit in Form von ausgeklügelten Intrigen widmen. Er träufelt das Gift der Rache in die Ohren der Bosse.

Wer einen Schleimer um sich hat, braucht nicht mehr auszuziehen, um das Gruseln zu lernen.

Das mag der Schleimer

Lieblingsessen:	Austern
Lieblingsgetränk:	Milchshakes
Lieblingsmusik:	Kelly Family
Lieblingslektüre:	»Friedhof der Kuscheltiere«
Lieblingsfilm:	»Die Körperfresser«

Wie geht man mit dem Schleimer um?

Wer einen solchen Widerling zum Kollegen hat, womöglich noch am Busen des Chefs genährt, der muss sich – ähnlich wie beim Rambo – für oder gegen das Zeigen von Charakterstärke entscheiden. Ein Zwischending gibt es nicht.

Frauen, die von Haus aus oft eine niedrigere Ekelschwelle als Männer haben, gehen mit diesem Kollegen meist relativ souverän um und verweisen den Schleimer an die Stelle, wo der Zimmermann das Loch in der Wand gemacht hat.

Sollte der Bauchkriecher es allerdings nach oben schaffen, könnte das Konsequenzen haben. Aber es gibt Hoffnung: Manch ein Schleimer ist so besoffen von seinem Erfolg, dass er alles vergisst, was war, als er sich noch im Staub gewunden hat …

Der Zyniker

Kaum jemand wird so leidenschaftlich missverstanden und fehlinterpretiert, wie dieser Kollegen-Typ. Er ist ein brillanter Kopf, hat einen messerscharfen Verstand und eine schöne, romantische Seele – die leider nur ganz wenige hinter seiner rauen Schale zu erkennen vermögen. Sein Humor ist rabenschwarz, mehr als politisch unkorrekt und sein Zutrauen zur Menschheit so gut wie nicht vorhanden. (»Das Menschlichste am Computer ist seine Gewissenlosigkeit!«)

Scharfzüngiger Provokateur

Der Zyniker ist meistens in den mittleren oder oberen Rängen der Firmenhierarchie anzutreffen (wohin ihn nicht sein Humor, sondern seine Bildung, sein Verstand und sein Können – manchmal in Verbindung mit einer kleinen Portion Glück – gebracht haben). Frauen, Berufsanfänger und »Gutmenschen« fürchten den Zyniker und halten ihn für den »schwarzen Mann«. Seine knappen, scharfzüngigen Kommentare zum Welt- und Firmengeschehen werden als obszön empfunden, und nur wenige geben ihm insgeheim insofern Recht, als sie ahnen, dass nicht seine Kommentare, sondern das Geschehen obszön ist.

Die jährliche Firmengala (bei der sich die Tische unter den Delikatessen biegen und nur Künstler von teurem Rang und Namen auftreten) nennt er »das Biafra-Fest«; eine Kollegin, die von Indien schwärmt, schockt er: »Ja, die Methode der Witwenverbrennung ist großartig. Spart viel Geld und Ärger!«; das Amüsement über die Schlagzeile »Wir sind Papst« kommentiert er dem Weiberhelden gegenüber mit: »Willkommen im Zölibat«; und Massenentlassungen bezeichnet er als »Auswilderungen aus beschützten Werkstätten« oder »Privatisierung von Kreativität«. Im Fall von Etatstreitigkeiten empfiehlt er, das Geld für den Bau eines Afghanistan-Kriegerdenkmals auf dem Firmenparkplatz zu verwenden und George W. Bush und Condoleezza Rice zur Einweihung einzuladen.

Mit seinen Provokationen gerät der Zyniker gelegentlich in gefährliches Fahrwasser, und Freunde warnen ihn oft, diese oder jene überspitzte Meinung nur ja nicht vor den falschen Leuten zu äußern. (Antwort: »Sind wir also schon wieder so weit?«)

Qualitätsbewusst und diszipliniert

Der Zyniker ist ein kreativer und schnell arbeitender Kollege, der sich jedoch nichts aufbürden lässt und keine Qualitätsabstriche aufgrund von Zeitdruck duldet. Er kann sehr grob werden, wenn er mit schlechter Organisation und mangelhaften Arbeitsvorbereitungen konfrontiert wird. Unstrukturierte Sitzungen, in denen alle durcheinander reden und selbst mit seiner »Habt ihr den Schuss nicht gehört?«-Methode (der von innen aufgerissenen und wieder laut zugeknallten Tür) keine Disziplin zu schaffen ist, verlässt er wortlos und ist durch nichts zur Rückkehr zu bewegen.

Während sich ganze Teams stundenlang an der Erarbeitung von Worst-Case-Szenarios abarbeiten, hat der Zyniker sie im Alleingang zwischen zwei Kaffeepausen skizziert. Er ist Spezialist im Erfühlen von Dingen, die schief gehen können, und damit eine Warnanlage auf zwei Beinen. Über die Anhänger von Verschwörungstheorien macht er sich lustig – sie beleidigen seinen Verstand: »Die Welt hat keine Verschwörungen nötig – sie *ist* eine!«

Kritischer Geist und romantische Seele

Trotzdem ist der Zyniker – nicht nur beim Mittagessen in der Kantine – ein begehrter Gesprächspartner (vor allem bei den »zivilisierteren« Kollegen), weil er über ein enormes Wissen verfügt, äußerst belesen ist und von den erstaunlichsten Hintergründen, die unter der Oberfläche der Dinge verborgen sind, zu berichten weiß. Außerdem gibt es mit ihm eine Menge zu lachen, wenn auch den Ängstlichen und Sensiblen das Lachen manchmal im Hals stecken bleibt.

Der Zyniker nimmt niemals eine Information hin, ohne sie zu hinterfragen (er ist ein versierter Rechercheur und weiß, dass nichts, was schwarz auf weiß bei Google oder anderswo nachzulesen ist, von vornherein stimmen muss). Er lässt nicht denken, sondern denkt selbst. Er ist ein Liebhaber von Paradoxien und weiß, dass die kürzeste Verbindung zwischen zwei Punkten nicht immer die Gerade ist.

Die sorgsam verborgene (aber ganz sicher vorhandene) romantische und in die Schönheit der Welt verliebte Seele des Zynikers kommt dann zum Vorschein, wenn er Menschen, die er mag, Geschenke macht. Sie sind immer sehr genau auf das Wesen des Beschenkten abgestimmt und verraten ein erstaunliches Einfühlungsvermögen. Ausgerechnet der Zyniker ist es, der Aufgaben übernimmt, vor denen sich alle anderen drücken: Niemand kann so wie er ehrlich klingende und auch so gemeinte Entschuldigungsschreiben an verärgerte Kunden formulieren; seine Reden anlässlich von Firmenzugehörigkeitsjubiläen oder Kollegenverabschiedungen rühren alle Zuhörer – nicht nur die Betroffenen – zu Tränen; seine Briefe zu Hochzeiten und Todesfällen sind zum Niederknien.

Das mag der Zyniker

Lieblingsessen: Spaghetti nero

Lieblingsgetränk: Whisky

Lieblingsmusik: Billie Holiday

Lieblingslektüre: Thomas Bernhard und Lichtenberg

Lieblingsfilm: »Cinema Paradiso«

Wie geht man mit dem Zyniker um?

Wenn es einen Kollegen gibt, dessen Ehre dringend gerettet werden und den man von sämtlichen Vorurteilen rein waschen müsste, dann ist es der Zyniker. Jede Firma, die noch ein solches Exemplar aufzuweisen hat – die meisten schickt man heutzutage in die Wüste der Frühpensionierung, um diese lästigen Kritiker und Aufdecker von Missständen loszuwerden –, sollte ihn ehren und pfleglich behandeln. Denn es wachsen kaum welche nach, weil es vielen Jüngeren an emotionaler Bildung, Erfahrung und Sensibilität fehlt.

Der Zyniker ist der »edle weiße Ritter« unter den Kollegen, der seine glänzende Rüstung unter einer grob gestrickten Verkleidung verbirgt und tarnt. Er greift an, weil er die Überraschung für die beste Verteidigung hält. Der Zyniker ist ein »anständiger Mensch« in Reinkultur (nicht mit dem »Gutmenschen« zu verwechseln – diese beiden haben gar nichts miteinander gemein!), und dieser ist heutzutage so selten geworden wie die Orang-Utans.

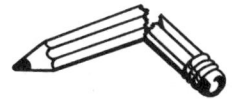

Der Choleriker

Wer schreit, hat nicht immer Unrecht – und vielleicht kann er manchmal einfach nicht anders. Dieser milden Beurteilung des Cholerikers können sich wahrscheinlich nur diejenigen Kollegen anschließen, die ihn bereits hinter sich haben. Das dauert meistens auch nicht lange, denn üblicherweise schafft man diesen Kollegen – sobald er sich nach mehreren Abmahnungen als »unheilbar« herausgestellt hat – höheren Orts recht bald ab. Seines Bleibens in einer Firma ist nur dann, wenn er selbst der oberste Chef (von denen ist hier aber nicht die Rede) oder mit dem Chef verwandt ist oder aber mit dem Chef eine Leiche im Keller hat. Ein weiterer Grund kann sein, dass er ein schwer oder gar nicht zu ersetzender Spezialist ist, auf den die Firma nicht verzichten kann. (Solche Leute sind allerdings äußerst rar, weshalb Choleriker ziemlich weit herumkommen, in Stadt und Land.)

Hundertprozentiger Perfektionist

Solange der herkömmliche Firmencholeriker jedoch – zwischen erster und letzter Abmahnung – noch Gelegenheit bekommt, zu rasen und zu toben, haben die Kollegen unter seiner Phonstärke und seinen ehrenrührigen verbalen Attacken heftigst zu leiden. Seine Schimpftiraden hört man meilenweit, und nur gelassene Spaßvögel, die gerade weitab vom Schuss sitzen, kommentieren dieses abrupte Beben aus der Ferne so: »Beim XY ist mal wieder Halligalli!«

Es sind jedoch keine Stimmungsschwankungen – wie beim Launenhaften (der nur zischt, faucht und im übertragenen Sinne kratzt und beißt) –, die den Choleriker losbrüllen lassen. Er macht sich ein ziemlich genaues Bild von allem (das betrifft Verhaltensweisen von Kollegen und Mitarbeitern ebenso wie deren Vorgehensweise, Argumentation, aber auch Gestaltung von Unterlagen), und er rastet völlig aus, wenn Ergebnisse auch nur einen Millimeter von seinen Vorstellungen abweichen. Der Choleriker ist ein in seiner eigenen Wolle gefärbter Perfektionist und verlangt vom Rest der Welt, dass seine Betrachtungsweise – die er nicht immer präzisieren und anderen verständlich machen kann – mit feinsten Sensoren erfasst und 1:1 umgesetzt wird.

Hulk und IIB-Männchen

Da so viel Gespür allenfalls von einem Klon des Cholerikers aufgebracht werden könnte, ist »Halligalli« ständig vorprogrammiert. In diesen Situationen gleicht der Choleriker dem sich grün verfärbenden Hulk (aus der gleichnamigen US-Trash-Serie) oder einem Werwolf in der Verwandlungsphase: Er bläst sich auf, man meint seine sich dehnenden Knochen im Brustkorb krachen zu hören, die Augen treten gefährlich aus den Höhlen, und die Fingernägel scheinen zu spitzen Dolchen zu werden. Die Stimmbänder halten der angewandten Tonlage oft nicht lange stand, und der Choleriker sucht sich Gegenstände, mit denen er die Luft zum Schwingen bringt. Dann fegt er Papiere und Gegenstände vom Tisch (Abgebrühte erschreckt das nicht, sie kennen es vom Launenhaften) und schleudert Ordner gegen Türe und Wände.

Der Choleriker ist in wenigen Sekunden von null auf hundert, hält dieses Tempo jedoch rein körperlich nicht lange aus (ganz abgesehen davon, dass Zeugen dieser unwürdigen Verwandlung, die etwas auf sich halten, inzwischen den Raum verlassen haben) und sackt – wie das HB-Männchen – erschöpft in sich zusammen.

Es gibt zwei Sorten von Cholerikern: Diejenigen, die um ihr zerstörerisches Verhalten wissen und sich danach – selbst peinlich berührt und beschämt – dafür entschuldigen. In der Überzahl sind jedoch diejenigen, die ohne jedes Problembewusstsein zur Tagesordnung übergehen.

Die Ruhe vor dem Sturm

Oft ist der Choleriker ein unerkannter Manisch-Depressiver, der geradezu körperlich darunter leidet, der Umwelt seine (völlig überzogenen und unrealistischen) Idealvorstellungen nicht plausibel machen und sie deshalb auch nicht durchsetzen zu können. In Erfolgsphasen ist er oft der liebenswürdigste und charmanteste Mensch, und man mag kaum glauben, welche Dämonen in ihm hausen.

Kollegen, die seine Ausbrüche nur vom Hörensagen kennen, halten deren (oft zusätzlich ausgeschmückte) Schilderungen für üble Nachrede und begegnen dem Choleriker mit großer Freundlichkeit – er tut ihnen leid. Damit begibt sich allerdings manch einer in erhebliche Gefahr: Wittert der Choleriker nämlich Interesse an seiner Person oder seinen Vorstellungen, sucht er engeren Kontakt und hofft auf »Erlösung«, also auf einen Partner, der ihn versteht und seine Vorstellungen teilt.

Wenn der Choleriker in der Firma unterwegs ist, suchen alle, die schon einmal »nähere Bekanntschaft« mit ihm gemacht haben, das Weite. Die Möglichkeit der wilden Flucht nach allen Seiten haben die Kollegen in seiner Abteilung natürlich nicht, weshalb dort fast immer eine Stimmung herrscht, die angehaltenem Atem gleicht. Sogar die Vorgesetzten des Cholerikers sind von gespannter Konzentration, immer darauf gefasst, dass die gegenwärtige Ruhe nur jene vor dem nächsten Sturm sein könnte.

Das mag der Choleriker

Lieblingsessen: chinesischer Feuertopf

Lieblingsgetränk: Pastis

Lieblingsmusik: die Oper »Carmen«

Lieblingslektüre: Friedrich Nietzsche

Lieblingsfilm: »Denn sie wissen nicht, was sie tun«

Wie geht man mit dem Choleriker um?

Ein Choleriker-Kollege ist eine harte Prüfung für seine gesamte Umgebung und ein Charaktertest für alle: Wer lässt sich diese Behandlung gefallen und bleibt im Raum, wer geht, und wer schlägt zurück?

Es gibt wirklich nur ganz wenige Entschuldigungen, bei einem Choleriker auszuharren. Eine ist: Man hat den Zeitpunkt der Trennung schon seit zehn Jahren verpasst, weshalb man bereits beim ersten Ansatz von anschwellender Phonstärke auf Durchzug schaltet. Die zweite Entschuldigung: Er ist während »normaler Phasen« dermaßen liebenswert, dass man bereit ist, ihm alles zu verzeihen (das ist aber der unwahrscheinlichere Fall).

Ein Mensch, der dauernd tobt, hat große Probleme mit sich und ist deshalb für seine Mitmenschen unzumutbar. Die Phasen der Abnabelung sind: Betriebsrat – Chef – Firmenpsychologe – und im schlimmsten Fall: Anwalt.

Ein letzter Versuch: zurückbrüllen. Geht aber nur ein Mal.

Der Rückversicherer

Er hat das dringende Bedürfnis, seine Hände ständig in Unschuld zu waschen, und traut keiner grauen Gedächtniszelle, nicht einmal seinen eigenen (oder genauer: denen schon gar nicht). Im Gegensatz zum Planer ist der Hang zur permanenten Kontrolle jedoch beim Rückversicherer zwanghaft und nicht sachlich bedingt. Er macht sich weniger Sorgen um das Gelingen eines Vorhabens, sondern vielmehr um sein eigenes Wohl. Auf seiner Stirn steht in unsichtbaren Lettern geschrieben: »Ich kann nichts dafür – und ich kann es beweisen!« Seine Protokollierwut ist legendär, und die Hälfte seiner Arbeitszeit verbringt er mit der Anfertigung von Sitzungsprotokollen, Gedächtnisnotizen und E-Mail-Bestätigungen. Der Name des Rückversicherers ist Hase, und was nicht schwarz auf weiß vorliegt, davon weiß er nichts.

Protokolliersucht und Verteilermanie

Jedes beruflich gesprochene Wort (selbst Teeküchen-Schwätzchen) aufzuzeichnen und an einen möglichst großen Empfängerkreis zu verteilen hat zahlreiche Nachteile, die dem Rückversicherer von vielen Kollegen permanent und jedes Mal aufs Neue übel genommen werden. Da er zwischen wichtig und unwichtig nicht unterscheiden kann oder mag (»Wenn es erst mal passiert ist, kann alles wichtig sein!« und »Der Teufel ist ein Eichhörnchen!«), sind seine Aufzeichnungen ellenlang, sodass sich eine wahre Papierflut durch die Abteilungen wälzt.

Denn der Rückversicherer besteht darauf, es nicht nur bei der E-Mail-Fassung zu belassen, seit er feststellen musste, dass manche der Kollegen seine E-Mail-Protokolle einfach ungelesen löschen. (»Oh Gott, der schon wieder. Bevor ich fünf Seiten lese, um auf den Punkt zu stoßen, der mich betrifft, arbeite ich lieber mit meinem eigenen Gedächtnis!«) Andere wiederum lesen sie zu genau: Denn ein weiterer Ärger verursachender Punkt dieser Protokolle ist der oft unzweckmäßige Verteiler, der Indiskretionen verursacht. So erfahren konkurrierende Abteilungen, wie es um bestimmte Vorgänge steht, wo die anderen Schwierigkeiten haben, hinter Terminen herhinken und auf wen welche Chefs offenbar gerade sauer sind.

Die Verteilermanie des Rückversicherers wird daher gelegentlich für Intrigen genutzt, indem man ihn bittet, doch auch den X oder die Y auf den Verteiler zu setzen – falls ein Protokoll gemacht wird (kleine Scherze müssen sein!). Auf diese Weise lösen die Aufzeichnungen des Rückversicherers handfeste Kräche aus und begründen gelegentlich sogar Feindschaften.

Ängstlicher Erbsenzähler

Bei Meetings und Konferenzen konzentriert sich der Rückversicherer oft weniger auf seine eigentlichen Aufgaben, denn er ist ja mit der Aufzeichnung der Stichpunkte für das Protokoll beschäftigt. Die bohrenden Fragen des Planers lösen – zum Amüsement aller Anwesenden – vor ihrer Beantwortung durch den Angesprochenen eine Art Echo beim Rückversicherer aus: Er legt ungefragt Daten und Fakten aus früheren Protokollen zu dem Vorgang auf den Konferenztisch und trägt dadurch eher zur Verwirrung als zur Klärung der Fragen bei.

Der Rückversicherer ist eigentlich ein Relikt aus alten Zeiten, als noch mit Durchschlagpapier gearbeitet wurde, jeder Fetzen Papier in die so genannte Ablage kam und Briefe einzig und allein vom Chef oder den Abteilungsleitern unterschrieben wurden. Damals bekleidete der Rückversicherer die Position eines Hiwis, heute würde man sie vielleicht als »Erbsenzähler« betiteln. Die Angst, für irgendetwas verantwortlich gemacht zu werden (ob zu Recht oder zu Unrecht), ist jedoch eine Seelenlage, die zwischen modernen und alten Zeiten nicht unterscheidet. Dem Rückversicherer sitzt sie ständig in Form eines undefinierbaren schlechten Gewissens im Nacken.

Fakten ohne Inhalt

Obwohl der Rückversicherer alles aufschreibt und daher ziemlich viel über die Arbeitsvorgänge in der Firma wissen müsste, ist er erstaunlich uninformiert. Man kann ihn nach Zahlen und

Fakten fragen (die auch er meistens nachschlagen muss, aber in seinen Protokollen und Notizen relativ schnell und zielsicher findet), aber nicht nach den Inhalten, die sie widerspiegeln.

Der Rückversicherer interpretiert nicht, was er hört und sieht – er schreibt es einfach nur auf. Er sitzt quasi vor einem Sack mit Puzzleteilen, kommt aber niemals auf die Idee, sie zu einem Bild zusammenzufügen. Seine eichhörnchenhafte Protokolliersucht endet in Faktenhuberei. Das ist auch der Grund, weshalb er überhaupt nicht verstehen kann, wie seine Tätigkeit Streit auslösen kann und wieso in einer Firma nicht jeder alles wissen darf (womit er im Prinzip recht hat – aber das Leben ist nun mal nicht so einfach). Als Neurotiker von hohen Graden hat er null Ahnung von Betriebspsychologie und gruppendynamischen Vorgängen.

Das mag der Rückversicherer

Lieblingsessen: Erbseneintopf

Lieblingsgetränk: Buttermilch

Lieblingsmusik: Märsche

Lieblingslektüre: Tagebücher

Lieblingsfilm: »Das Böse unter der Sonne«

Wie geht man mit dem Rückversicherer um?

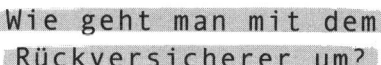

Der Rückversicherer ist ein Frosch, der sich auch dann nicht in einen Prinzen verwandeln würde, wenn man ihn an die Wand klatscht (was so mancher Kollege ab und zu gerne täte). Er gehört zum grauen Fußvolk der Firma und ist für niemanden eine Karriere-Konkurrenz. (Obwohl: Man hat schon Pferde vor der Apotheke kotzen gesehen!)

Im Berufsalltag kann man diesem Typ von Kollegen nur beikommen, indem man seinen eigenen »Stall« sauber hält, sprich: man ihm keine Gelegenheit gibt, irgendetwas ans Tageslicht zu fördern, was das Licht der Sonne nicht verträgt. Eigene Notizen und ein enger Kontakt zu den Entscheidungsträgern im Team sind die beste Taktik, um die Mails und Aktennotizen des Rückversicherers gar nicht oder nur flüchtig lesen zu müssen.

Eine gute Tat wäre es allerdings – ausnahmsweise – einen Workshop anzuregen, in dem für die gesamte Firma ein allgemein verbindlicher Kommunikationsstandard für den internen und externen E-Mail-Wechsel festgelegt wird. Wer immer das erreicht, kann sich der Dankbarkeit aller unter dem Rückversicherer Leidenden gewiss sein.

Der Rationalisierer

Er ist der Trüffelhund des Controllings, aber als Typ durchaus auch in anderen Abteilungen anzutreffen. Seine Röntgenaugen sehen alles (wollen jedoch wenig verstehen), vor allem aber jede Einsparungsmöglichkeit. Der Rationalisierer ist der absolute Liebling des Chefs, bringt er es doch fertig, bei sinkenden Umsätzen die Gewinne zu steigern. Die Fernsehnachrichten und die Wirtschaftsseiten der Tageszeitungen vermelden täglich die »Großtaten« des Rationalisierers, daher wächst er zurzeit auf den Bäumen und läuft Monat für Monat in Hundertschaften von den Bändern der Unis und Unternehmungsberatungsfirmen. »Hast du noch keinen, besorg dir einen!« lautet das Motto vieler Firmenchefs dieser Tage.

Gut, weil's billig ist

Wenn der Rationalisierer seinen Posten in einer Firma antritt, gibt er als Erstes – sozusagen als Fingerübung und zum Warmlaufen – neue Richtlinien für den Einkauf von Büromaterial heraus: Das schöne weiße Fotokopierpapier, auf dem auch Illustrationen gut erkennbar waren, wird auf der Stelle abgeschafft und durch billiges, holzhaltiges Papier ersetzt. Es ist dermaßen unansehnlich, dass man Kopien nicht mehr an Kunden weitergeben kann. (Weshalb die Werbeabteilung für diese Kopien jetzt heimlich das viel teurere bessere Papier verwendet, auf dem eigentlich nur Computerbriefe ausgedruckt werden.)

Der Einkauf der wunderbaren »Ball Pentel«-Filzstifte ist ab sofort verboten – sie werden gegen normale, billige Kugelschreiber ausgetauscht. (Viele Mitarbeiter wollen auf die gewohnten grünen Qualitätsstifte nicht verzichten, kaufen sie daher privat, kennzeichnen sie auch als privat und gleichen die Kosten dadurch aus, dass sie private Post in Firmenkuverts stecken und über die Poststelle – also auf Firmenkosten – verschicken.) Firmenbriefbögen und -kuverts werden prinzipiell in kleineren Auflagen gedruckt und gehen daher oft zum ungeeigneten Zeitpunkt aus. (Das Imperium hat eben viele Möglichkeiten, um zurückzuschlagen! Und überall warten offene Messer auf den Rationalisierer, in die man ihn mit Vergnügen laufen lässt.)

Hassobjekt mit Rasenmähermentalität

Der Rationalisierer ist eine der meistgehassten Personen. Aber nicht etwa wegen seiner rigiden Einsparungsverordnungen. Dass gespart werden muss, sehen die Vernünftigen unter den Kollegen ohne weiteres ein (diejenigen, die Etats verwalten, haben die Kosten meistens ohnehin schon selbst im Visier). Seine Rasenmähermentalität ist es, die ihn zum Hassobjekt macht.

Er hält jeden Einwand (so wie den der Werbe- und Presseabteilung, dass man aus Imagegründen keine Fotokopien verschicken kann, die bei Kontakt mit Tageslicht zu Staub zerfallen) für eine Ausrede. Er fordert stundenlange Debatten über Qualitätssicherung und Imagefragen heraus und ist nur schwer bis gar nicht zu überzeugen. Er sieht nicht ein, dass es keinen guten Eindruck macht, wenn die Firma in der Mittags- und in den Kaffeepausen nur über den Anrufbeantworter zu erreichen ist (er will die Kollegin am Empfang durch wechselnde, stundenweise bezahlte Aushilfskräfte ersetzen). Und er kapiert nicht, dass es Post gibt, die man nicht per E-Mail erledigen kann (er will das Personal in der Poststelle halbieren und in vielen Abteilungen die Sekretariate abbauen).

Vom Feind zum möglichen Partner

Es hat den Anschein, als würden den Rationalisierer die Arbeitsabläufe der Firma, die Aufgaben der einzelnen Kollegen und die Art und Weise, weshalb und wie sie die vorgegebenen Ziele erreichen, nicht im Geringsten interessieren. Für ihn ist einzig und allein wichtig, »was hinten herauskommt«. Alles was sich davor abspielt, soll möglichst wenig – am besten nichts – kosten.

Nachdenklichere Kollegen stemmen sich nicht grundsätzlich gegen den Rationalisierer, sondern versuchen, ihn möglichst an ihren Entscheidungsfindungsprozessen teilnehmen zu lassen, ihn dadurch einzubinden und zu »emotionalisieren«. Wenn es gelingt, die zunächst natürliche Gegnerschaft auf diese Weise in eine Partnerschaft umzuwandeln, kann der Rationalisierer in einer Firma tatsächlich gute und für alle akzeptable Ergebnisse erzielen. (Es hat noch niemals geschadet, lieb gewordene Gewohnheiten zu überdenken und eingefahrene Geleise zu verlassen.)

Für die »unteren Ränge« bleibt der Rationalisierer jedoch ein unverrückbares Feindbild. Sie schießen quer, wo sie nur können, und machen einen weiten Bogen um ihn. Es wird ausgerechnet, wie viel die Firma sparen würde, wenn sein Gehalt wegfiele, und dass er in Wahrheit nur Verluste produziert. In der Kantine geht man dem Rationalisierer aus dem Weg; wer mit ihm mehr als höfliche Floskeln wechselt, wird zum Verräter erklärt. In stark betroffenen Abteilungen gibt es gelegentlich sogar offene Rebellion, Dienst nach Vorschrift und Sabotage-Akte.

Das mag der Rationalisierer

Lieblingsessen:	Chili con carne
Lieblingsgetränk:	Bitter Lemon
Lieblingsmusik:	»Nabucco« (Gefangenenchor)
Lieblingslektüre:	Shakespeares »Hamlet« (»Es ist etwas faul im Staate …«)
Lieblingsfilm:	»Gesprengte Ketten«

Wie geht man mit dem Rationalisierer um?

Einen Rationalisierer-Kollegen muss man sich ganz genau anschauen, zuhören, was er sagt, und abwarten, wie er mit vernünftigen Einwänden (also echte Gegenargumente, nicht einfach nur das dumpfbackige »So haben wir es immer gemacht«) umgeht, bevor man ihn zum Feind erklärt. Wenn er sich als nicht zugänglich für hieb- und stichfeste Argumente erweist, muss man ihn überlisten.

Eine Möglichkeit dafür besteht beispielsweise darin, ihn »niederzukuscheln« (ihn mit dem Argument: »Ihre Einschätzung ist uns schon in der Planungsphase wichtig, damit wir die Kosten richtig ansetzen«, bei jeder Gelegenheit einladen) oder ihn »niederzuorganisieren« (ihm ununterbrochen auch die kleinsten Entscheidungen zuschieben). Das wird natürlich auf Dauer nicht gut gehen. Entweder er pendelt sich entnervt bei einem gesunden Spar-Mittelmaß ein, oder es gibt einen Krach, der vor dem Chef endet. Dann heißt es, die besseren, einleuchtenderen Argumente zu haben.

Eigentlich ist dieser Kollegen-Typ bewunderungswürdig: Er schafft es, mit nie nachlassendem Elan seiner Arbeit nachzugehen, ohne je ein freundliches Wort zu ernten.

Der Macho

In Reinkultur findet man ihn nur mehr selten (weshalb er – nach dem Überschuss an Softies, die den »Markt« und damit auch alle Firmen überschwemmen und mangels Reibungsfläche die meisten Frauen zu Tode langweilen – schon oft wieder gesucht ist). Das kommt daher, weil Männer, im Gegensatz zum lieb gewordenen weiblichen Vorurteil, in zwischenmenschlichen Belangen sehr wohl lernfähig sind (oder es zumindest vorgeben, indem sie sich verstellen). Aber in leicht und scheinheilig abgesofteten Mischformen kommt der Macho (mit Ausnahme der Mode- und Werbebranche) immer noch häufig genug vor, um nicht der Vergessenheit anheim zu fallen.

Rüpel ohne Identitätsprobleme

Der Macho-Kollege ist gelegentlich ein durchaus belebendes Element im Firmenalltag, wenn er auch Anlass für so manche Reiberei bis hin zur Beschwerde wegen Rüpelhaftigkeit gibt. Es handelt sich bei ihm um eine erstaunliche Mixtur aus »gestandenem Mann«, »buntem Vogel« und gelegentlichem Elefanten in weiblichen Porzellanläden. Bis auf die Zicke und das Seelchen kommen Frauen (abgesehen von seinen üblen Rüpelphasen) und Männer gleichermaßen gut mit ihm aus.

Letztere beneiden ihn, weil er in Bezug auf Kolleginnen keine Mühe auf politische Korrektheit verschwendet (was andere Männer reichlich Zeit und Disziplin kostet.) Außerdem plagen den Macho keinerlei Identitätsprobleme (nachdenkliche Frauen sehen das zwar anders!) – was nicht alle Männer von sich sagen können.

Gleiches Recht für alle

Wenn es um Gleichberechtigung geht, ist allerdings mit dem Macho nicht gut Kirschen essen. Dass Frauen aufgrund ihrer »Bauart« (O-Ton Macho) weniger schwer heben und tragen können als Männer, das ist ihm lange genug vorgebetet worden, und das sieht er inzwischen ein. Dass es dafür jedoch keinen gerechten Ausgleich wie klagloses Kaffeekochen und andere »Sklavendienste« (O-Ton Macho-Gegnerinnen) niederer Art geben soll, das empört ihn. Und deshalb fordert er diesen gerechten Ausgleich ein. Mit Kolleginnen, denen das nicht passt, zettelt der Macho Dauerfehden an, die den Beobachtern wie Running Gags erscheinen.

Er hält nur den Frauen die Tür auf, die sie ihm auch aufhalten, und er bückt sich nur nach einem fallen gelassenen »Taschentuch«, wenn sich diejenige Kollegin auch schon mal für ihn gebückt hat. »Wir haben Gleichberechtigung, also gleiches Recht für alle!« oder »Ich bin kein Minnesänger!« lauten seine grinsend abgegebenen Kommentare, wenn er wegen seines unhöflichen Benehmens von männlichen Kollegen angesprochen wird. Und: »Alles hat seinen Preis. Das müssen die Girls eben noch lernen!«

Kein Freund des weiblichen Blickwinkels

Der Macho ist ein gradliniger, flott arbeitender und offener Kollege. Seine Gradlinigkeit und Offenheit geraten hin und wieder allerdings ins Fahrwasser der Grobheit, was den Macho mit dem Rambo verbindet, dem er oft in enger Männerfreundschaft zugetan ist (was ihm enorme Karrierechancen eröffnet).

Meetings und Konferenzen, in denen es um Marketing und um Fragen der Zielgruppenbestimmung geht, arten in Anwesenheit des Machos oft in Argumentationsschlachten mit Kolleginnen aus, die den weiblichen Blickwinkel ins Feld führen. In solchen Situationen tut sich der Macho gerne mit dem Blödler zusammen (in dessen Adern ohnedies eine Menge Macho-Blut fließt), was zwangsläufig ein Absinken des Gesprächsniveaus unter Normalnull zur Folge hat. Nachdem die beiden sich ausführlich über die Lächerlichkeit von Frauenfußball ausgelassen haben und der weibliche Boxsport als »Mopskampf« deklariert wurde (worüber oft Kolleginnen am lautesten lachen), muss meist einer der anwesenden Kollegen eingreifen, um der Peinlichkeit ein Ende zu machen.

Szenen aus diesen Sitzungen werden noch tagelang im ganzen Haus kolportiert, was deshalb unerquicklich ist, weil sie die involvierten Frauen dabei – selbst wenn die Geschichten von

Kolleginnen weitererzählt werden – immer irgendwie unsouverän dastehen lassen. Denn eine der unangenehmsten Eigenschaften des Machos (ob beabsichtigt oder unbeabsichtigt) ist, dass es ihm immer wieder gelingt, Frauen auseinander zu dividieren.

Die charmante Seite

Wenn der Macho merkt (was allerdings eher selten der Fall ist), dass er zu weit gegangen ist, kann er durchaus charmante Seiten aufziehen und findet erstaunlich subtile Methoden, um sich mit den Kolleginnen zu versöhnen, ohne sich entschuldigen zu müssen. Natürlich wählt er dafür keine Blumen und auch keine Pralinen, aber ein unvermutetes Arbeits-Lob aus seinem Mund oder eine Bemerkung wie: »Sie sind ein angenehmer Kampfgenosse. Da könnte sich so mancher Kerl eine Scheibe abschneiden!« – geschickt vor den richtigen Ohrenzeugen ausgesprochen –, lässt so manche weibliche Wut verrauchen.

Das mag der Macho

Lieblingsessen:	Schweinebraten mit Knödel
Lieblingsgetränk:	Wodka
Lieblingsmusik:	Country
Lieblingslektüre:	»Auto-BILD«
Lieblingsfilm:	»Vier Fäuste für ein Halleluja«

Wie geht man mit dem Macho um?

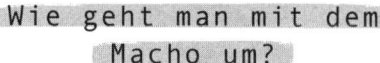

Der Macho kann – und will – einfach nicht aus seiner Haut. Deshalb sind Tipps und Tricks für den Umgang mit diesem »Prachtexemplar« von Mann nur schwer anzuraten. Frauen sei auf jeden Fall empfohlen, sich von ihm nicht derart provozieren zu lassen, dass sie sich in Rage reden. Hochrote Köpfe sind wenig souverän und verleiten andere Männer lediglich zu »Ritterlichkeit aus Höflichkeit«, das heißt, sie springen nur reflexhaft bei, weil sie politisch korrekt sein wollen.

Am besten fährt man im Umgang mit diesem gockelhaften Wesen, wenn man ihn möglichst manierlich behandelt, kleinere Vergehen übersieht und größere möglichst schlagfertig abschmettert. Kluge Kolleginnen nehmen den Macho daher zum Anlass, um den Schulterwurf, den Fallrückzieher und den linken Haken zu trainieren. Und wie man trotzdem lacht. Im Idealfall so, dass auf seine Kosten gelacht wird – das kann er nämlich partout nicht leiden und wird es künftig um jeden Preis vermeiden wollen.

Machos sind meistens kleine Feiglinge, das muss man wissen …

Der Hypochonder

Er hinkt, hustet, tastet seine Lymphdrüsen ab und verbraucht literweise Augentropfen. Alles dreht sich bei ihm um sein Leben, um das er ständig fürchtet. Er interessiert sich weniger für Gesundheit und auch nicht für Prävention – im Mittelpunkt seines Interesses stehen im Verborgenen lauernde Krankheiten und seine gegenwärtige Verfassung, von der er befürchtet, sie könnte ihm nicht mehr viel Zukunft lassen. Die Gesundheitsfanatikerin ist ihm ein Gräuel, weil sie die optimistische Meinung vertritt, bei richtigem Verhalten werde alles gut. Der Hypochonder jedoch ist sich sicher, dass sich das Unheil in ihm schon seit seiner Geburt zusammenbraut. Zwischen den Arztbesuchen verbringt er seine Zeit in der Firma, um das Geld für seine Krankenkasse und die zahlreichen Zusatzversicherungen zu verdienen.

In steter Sorge

In stressfreien Zeiten ist der Hypochonder für seine Kollegen ein ewiger Quell des Amüsements, denn er ist der Gesündeste von allen, und sie werfen ihm mehrmals die Woche an den Kopf, dass er sie allesamt überleben wird. Das kränkt und freut den Hypochonder gleichermaßen, und je nach Seelenlage lacht er mit, aber nicht ohne sofort eine Vitamintablette einzuwerfen oder sich Augentropfen einzuträufeln.

Wer dem Hypochonder eine Freude machen will, reißt ihm Berichte über die neuesten Operationsmethoden (egal auf welchem Gebiet) aus Illustrierten und Zeitungen heraus und legt sie ihm auf den Schreibtisch. Er spitzt sofort die Ohren, wenn er von der Krankmeldung eines Kollegen hört, und ruft ihn daheim an (selbst wenn er mit dessen Abteilung kaum etwas zu tun hat und ihn nur vom Sehen kennt), um Details seiner Beschwerden abzufragen und ihm im Gegenzug die seinen zu schildern. (Bei Blaumachern ist er aus diesem Grund gefürchtet: Er hat schon mal die ganze Firma verrückt gemacht, weil er einen von ihnen während einer Krankmeldung zu Hause nicht erreichte und deshalb völlig hysterisch Horrorszenarien an die Wand malte, was demjenigen wohl passiert sei. Dass er damit das Blaumachen aufdeckte, war ihm gar nicht bewusst.)

Opfer sadistischer Neigungen

Seine eingebildeten Krankheiten tragen aber nicht immer zur Erheiterung bei. Vielen Kollegen und vor allem seinen Vorgesetzten gehen sie entsetzlich auf die Nerven und fordern deren sadistische Neigungen heraus: Sie überhäufen ihn gerade dann, wenn er über eine unerklärliche Schwäche klagt (»Ich habe das Gefühl, meine Knochen werden zu Gelee, und meine Beine können mich kaum mehr tragen!«), mit Arbeit und sorgen dafür, dass er während einer Erkältungswelle Flug- oder Zugreisen machen muss, die er dann nur mit Mundschutz antritt. (Den trägt er übrigens auch in der Firma, wenn alles niest, schnäuzt oder laut Medienberichten eine Grippeepidemie im Anmarsch ist.)

Kämpfer für die Volksgesundheit

Wenn das Stichwort BSE oder Vogelgrippe fällt, kann der Hypochonder hörsaaltaugliche Vorträge halten und mutiert augenblicklich zum Experten. Rindfleisch ist lebenslänglich (oder zumindest für die spärliche Zeit, die dem Hypochonder noch bleibt) komplett von seinem Speiseplan gestrichen. In diesem Punkt ist er sich ausnahmsweise mit der Gesundheitsfanatikerin einig, und beide löchern den Kantinenwirt mit ihren inquisitorischen Fragen, ob nicht doch da oder dort in Speisen versteckt die falsche Fleischsorte lauert. Als eine Kantinenhilfe auf die Fangfrage hereinfiel, ob in der Küche mit Brühwürfeln gearbeitet würde, und bejahte, machten die beiden einen Riesenaufstand, der bis hin zum Chef Wellen schlug.

»Auch Kalbfleisch sei Rindfleisch«, wurde in einer Kampagne die Kollegenschaft aufgeklärt, und der Hypochonder schob die Frage hinterher, ob die Fleischesser wohl wüssten, weshalb Schweinefleisch bei den Moslems tabu sei. Worauf die nächste Diskussionswelle losbrach, und die Vegetarier (angeführt von der Gesundheitsfanatikerin) neuerlich die Oberhand gewannen.

Selbsterfüllende Prophezeiungen

Der Hypochonder ist wegen seines angespannten In-sich-Hineinlauschens auch ein Pechvogel, und an ihm erfüllen sich oft seine eigenen negativen Prophezeiungen. An den wenigen Wintertagen, an denen Blitzeis auftritt, ist er in der Stadt unterwegs. Und natürlich ist er es, der mit einer lockeren Teppich-Stufenhalterung im Treppenhaus Bekanntschaft macht. Dabei hat er stets Glück im Unglück: Vor dem Blitzeis rettete er sich rechtzeitig in ein (für Stunden stillstehendes) Taxi, und im Treppenhaus konnte er sich gerade noch am Geländer abfangen. Seine Erzählungen klingen allerdings so, als hätte er sich in beiden Fällen das Genick gebrochen. Und von der Treppenhaus-Affäre hat er ein paar Tage ein leichtes Hinken davongetragen (das jedoch zwischendurch auf das andere Bein überwechselte).

Das mag der Hypochonder

Lieblingsessen:	Haferschleimsuppe
Lieblingsgetränk:	Kräutertee
Lieblingsmusik:	Trommeln und Bongos
Lieblingslektüre:	»Pschyrembel«
Lieblingsfilm:	»The Day After«

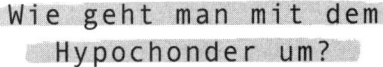 Wie geht man mit dem Hypochonder um?

Der Hypochonder ist zwar eine Nervensäge, aber eine, über die man sich hin und wieder amüsieren kann, und ein Kollege, der – soweit er mit Humor gesegnet ist – auch mal über sich selber lacht. Wenn man unter der Schale seiner Manie den auf ein vernünftiges Maß zurückgestutzten Kern entdeckt und den Hypochonder seiner karikaturhaften Züge entkleidet, kann man ihn durchaus als Mahner in Sachen Gesundheitsvorsorge verstehen.

Im Grunde ist es ganz leicht, den Hypochonder von seiner Rolle des eingebildeten Kranken abzubringen: Man muss ihm nur Aufgaben übertragen, die ihn wirklich fesseln, und ihn dadurch von seiner Egozentrik ablenken. Dann kann er zu Typen mutieren, die man ihm nie zugetraut hätte (da ist sogar der Macho drin!).

Der Wichtigtuer

Das neudeutsche Wort »Name-Dropping« ist extra für den Wichtigtuer erfunden worden. Wo er sich aufhält, ist meist auch der Chef nicht weit, denn dieser Kollege pflegt ein innig-sehnsüchtiges Verhältnis zur Macht. Zur Chefsekretärin hält er intensiven Kontakt, um durch sie rechtzeitig über jeden wichtigen oder gar prominenten Gast des Chefs informiert zu sein. Und richtet es dann so ein, dass er um die erwartete Ankunftszeit zufällig in der Nähe des Empfangs herumlungern kann. Sobald der Besucher eintrifft und seinen Namen genannt hat, stürzt der Wichtigtuer herbei, begrüßt ihn überschwänglich und bietet sich an, ihn zum Chef zu geleiten. Dort gibt er den Besucher mit den Worten »Sehen Sie mal, wen ich Ihnen bringe!« ab. So kristallisiert sich bei Chefs der Eindruck heraus, der Wichtigtuer verfüge über exzellente Kontakte und kenne wichtige Leute.

Zur rechten Zeit am rechten Ort

Der Wichtigtuer scheut keine Kosten und Mühen, um diesen Anschein zu pflegen und zu verstärken. Wenn er erfährt, dass der Chef mit seiner Frau und Geschäftsfreunden in die Oper geht, setzt er alle Hebel in Bewegung, um ebenfalls für diese Vorstellung noch Karten zu bekommen. (Das ist zwar eigentlich unmöglich, aber der Chefportier des führenden Fünf-Sterne-Hotels weiß – im Tausch gegen ein diskret gefülltes Kuvert und eine rührende Geschichte – Abhilfe zu schaffen.)

Der Operngucker hilft dabei, die Position des Bosses noch vor der Pause zu orten, sodass der Wichtigtuer rechtzeitig vor dem richtigen Aufgang auftauchen kann. Ein »zufälliges« Zusammentreffen auf kultureller Ebene, ein Handkuss für die Gemahlin – und mit etwas Glück kann man sich ins Gespräch der Gruppe mischen. (Bietet man sich nun noch an, beim Champagner-Organisieren zu helfen, kann man gar nicht weggeschickt oder stehen gelassen werden.)

Gelegentlich ist der Wichtigtuer sogar Kunde bei Begleitservice-Agenturen, um mit Schönheiten an seiner Seite im Lieblingsrestaurant des Chefs oder wichtiger Abteilungsleiter aufzutauchen und freundlich grüßend fünf Tische weiter Platz zu nehmen. Auch holt er sich schon mal einen teuren Schlitten für ein zweitägiges Probefahren und sorgt dafür, beim Ankommen oder Abfahren auf dem Firmenparkplatz von den richtigen Leuten gesehen zu werden. Auf Nachfragen winkt er ab: »Den hat mir ein Freund geliehen – meiner ist gerade in der Werkstatt!«

In aller Munde

Aus den erschlichenen Begegnungen auf gesellschaftlichem Parkett und den inszenierten Angebereien saugt der Wichtigtuer Honig. Sätze wie: »Darüber habe ich neulich mit dem Chef in der Opernpause auch schon geredet!«, lassen jedes Gegenüber aufhorchen: »Sie waren mit dem Chef in der Oper?« Die grinsende Reaktion in Verbindung mit gespielter Abwehr: »Rein zufällig, nein, nein, rein zufällig!«, soll genau das Gegenteil ausdrücken. Und der dem Grinsen hinterhergeschobene Gesichtsausdruck wirkt ein bisschen so, als sei dem Wichtigtuer ein Geheimnis entschlüpft.

Raffiniert legt er ein paar Tage später im Gespräch mit kommunikationsfreudigen Kolleginnen und Kollegen nach (er hat ein super Gespür für Tratsch-Konstellationen, die eilige Weiterverbreitung garantieren) und lässt verlauten, dass er der Frau des Chefs den Fitness-Club des Weiberhelden empfohlen habe, weil sie neulich erwähnt habe, ihr jetziger würde ihren Ansprüchen nicht mehr genügen.

Investitionen, die sich rechnen

Mit derartigen Methoden verschafft sich der Wichtigtuer »Respekt« oder gibt zumindest Rätsel auf, ohne sich derart unangenehm produzieren zu müssen wie der Schleimer oder so viel Streuverlust zu haben wie die Angeberin. Er spielt sich vor den Kollegen nicht direkt in den Vordergrund, gilt – trotz seiner angenommenen, rätselhaften Nähe zur obersten Etage (mit der er aufgrund seiner Tätigkeit eigentlich gar nichts zu tun hat) – vielleicht sogar als bescheiden, auf jeden Fall als sehr tüchtig. Sein Image und mit diesem seine Position auf der Firmenbeliebtheitsskala steigen ständig.

An dem Tag, an dem der Chef mittags in der Kantine von sich aus den Tisch des Wichtigtuers ansteuert – an dem Tag fangen alle seine Investitionen an, sich zu rechnen: das Trinkgeld für die Hotelportiers und Oberkellner, die Gebühren für den Begleitservice und die Benzinkosten für die Edelschlitten (die bisher sein Gehalt fast komplett aufgezehrt und sogar für Schulden gesorgt haben).

Bei all dem ist nicht die Karriere das unmittelbare Ziel des Wichtigtuers, sondern die Nähe zu den Prominenten und Erfolgreichen. Er rechnet fest damit, dass er von den besseren Positionen in der Firma aus automatisch in den Genuss dieser Kontakte kommt. Dabei ist der Wichtigtuer ein kreativer, erfindungsreicher Kollege, der durchaus echte Karrierechancen hätte, wenn er seine – manchmal sogar leicht kriminelle – Energie voll und ganz in die Arbeit stecken würde.

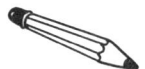

Das mag der Wichtigtuer

Lieblingsessen:	das Leibgericht des Chefs
Lieblingsgetränk:	zufällig das seines Abteilungsleiters
Lieblingsmusik:	was gerade angesagt ist
Lieblingslektüre:	was gerade auf den Bestsellerlisten steht
Lieblingsfilm:	der, der gerade von den Kritikern bejubelt oder verrissen wird

Wie geht man mit dem Wichtigtuer um?

Eigentlich ein interessanter Typ, dieser findige Kollege. Und keinesfalls bösartig. Aber doch mit einer gehörigen Macke versehen. Denn was um Himmels willen ist an Prominenten so wahnsinnig anziehend? Aber egal. Solange der Wichtigtuer keinem anderen Mitarbeiter schadet, soll er sich doch aufspielen. Seine Storys sind ja meistens ziemlich spannend, und einen guten Geschmack besitzt er auch. Er riecht fast so gut wie der Weiberheld und versteht von Autos sogar mehr als der Sportliche.

Außerdem kann man sich auf ihn verlassen und ihn jederzeit sogar um Hilfe bitten. Das kann man nun wirklich nicht von allen Kollegen sagen. Traut man einem, der teure Schlitten fährt und angeblich den Chef auch privat kennt, eigentlich gar nicht zu.

Der Mann der Zukunft

Er ist meist der Benjamin in der Firma und weiß Sachen, von denen die »Alten« noch nicht einmal gehört haben. Die hauseigenen Computerprogramme hält er für hoffnungslos veraltet und zettelt darüber mit den zuständigen Kollegen nicht enden wollende Debatten in der Kantine an, die anschließend per E-Mail fortgesetzt werden. Er behauptet, jedes Passwort knacken zu können (und beweist es), was zu gehöriger Beunruhigung führt. Die neuesten Computerspiele kennt er bereits, während sie sich noch in der Entwicklungsphase befinden. Für Kollegen, die ihn nicht als Spinner abtun, installiert er Bildschirmschoner, die dermaßen ungewöhnlich und originell sind, dass sich die Neugierigen die Klinke zu Besichtigungsbesuchen in die Hand geben. (Dem Weiberhelden hat er zum Beispiel einen Bildschirmschoner installiert, der die Melodie von »Sex Bomb« in eine Farborgel umwandelt – was an die Botschaft der Außerirdischen in dem Film »Unheimliche Begegnung der dritten Art« erinnert. Dem Schweiger zwinkerte der Mann der Zukunft zu, dass sich das natürlich auch mit »der schönen blauen Donau« oder einer Arie der »Fledermaus« problemlos machen ließe!)

Heute war gestern

Während der Ars Electronica nimmt der Mann der Zukunft Urlaub, um in Linz Menschen zu treffen, die genauso ticken wie er und für die die Zukunft schon lange begonnen hat. Einmal im Jahr fliegt er nach L.A. zum Austausch mit Leuten, »die sich auf der Höhe der Zeit« befinden. Er steht mit allen bekannten Sciencefiction-Autoren rund um den Globus in E-Mail-Kontakt und weiß von deren Arbeit Geschichten zu erzählen, die nicht nur ans Unmögliche grenzen, sondern es längst schon erreicht haben.

Dem Kantinenwirt erzählt er, dass dessen Berufsgenossen in naher Zeit nicht mehr den Kochlöffel schwingen müssten, weil Speisen dann mithilfe der Nanotechnologie quasi aus dem Nichts repliziert würden. Man müsse nur mehr – wie bei der guten alten Jukebox – auf das Knöpfchen mit dem Schild »Wiener Würstchen mit Senf« oder »Schinken-Käse-Sandwich« drücken, und auf der Stelle würden sich Wiener Würstchen oder ein Schinken-Käse-Brötchen materialisieren. Allerdings bräuchte man dann auch keine Kantine mehr, weil dann ja jeder so einen Replikator in seinem Büro stehen hätte, der natürlich auch Getränke ebenso wie Büromaterial (falls man so etwas überhaupt noch bräuchte) auf Knopfdruck ausspuckt. Wer es nicht glaubt, der solle einfach mal Neal Stephensons Roman »Diamond Age« lesen. Darin sei das System so beschrieben, dass es selbst Steinzeitmenschen begreifen könnten. Und ein Blick in TV-Serien wie »Raumschiff Voyager« oder »Star Trek« könne auch nicht schaden – dafür bräuchte man nun wirklich nicht viel Verstand.

Hochfliegende Ideen mit Tücken

Der Mann der Zukunft macht sich lustig über die Abhängigkeit der Kollegen von den Symbolen, die die Programmierer von Microsoft für den User geschaffen haben (weil sie ihn wie an einem Kindergarten-Gängelband entlangführen und vom eigenen Denken im Zusammenklang mit der Intelligenz des Computers abhalten würden). Als er diesen ganzen Schnickschnack von seiner Bildschirmoberfläche entfernen und dafür seinen eigenen Kram konfigurieren wollte (sah aus wie chinesisch-arabische Bild-Schriftzeichen), gab es ein Donnerwetter, und der Chef der Computerabteilung schrie herum, dass die Firma »wegen diesem Spinner« noch einen Rechtsstreit mit Microsoft »an die Backe« bekäme.

Der Mann der Zukunft ist erstklassig und exklusiv darüber informiert, in welcher Welt wir künftig leben werden (er nennt es »mein Zeitalter«!), hat aber gelegentlich Schwierigkeiten mit der gegenwärtigen Welt. Das liegt daran, dass er fast alle Arbeiten, die ihm aufgetragen und anvertraut werden, anders anpackt, als das üblich (und wünschenswert) ist. Für die Erstellung einer harmlosen Statistik oder Inventur (die man sogar per Strichliste mit Hand machen könnte) schreibt er ein brandneues Computer-Programm, das zwar in der Theorie funktioniert, aber die Basisdaten in alle Winde zerstreut (sodass sie im ganzen Haus fragmentarisch in sämtlichen Rechnern auftauchen und erst einmal Viren-Alarm auslösen).

Weit unter Niveau eingesetzt

Weil der Mann der Zukunft in der (Firmen-)Welt der Gegenwart so oft Trouble verursacht, wird er – egal in welcher Abteilung er angesiedelt ist – oft weit unter seinen intellektuellen Möglichkeiten eingesetzt. Das wiederum führt zu geistiger Unausgelastetheit, was ihn zu neuen Spielereien und womöglich überflüssigen Kreationen verführt (die neuen Ärger verursachen).

Der Mann der Zukunft braucht eine starke Führungshand und einen Vorgesetzten, der sein Potenzial erkennt und ihm dabei hilft, die Nuggets seines Wissens aus dem Geröll des Spinösen herauszulösen. Wer ihm klarmachen kann, dass die Vergangenheit ein Riese ist, auf dessen Schultern die Gegenwart steht, um freie Sicht in die Zukunft zu haben, der wird mit ein wenig Glück einen Mitarbeiter heranziehen können, der mithilft, die Firma in eine erfolgreiche neue Ära zu führen.

Das mag der Mann der Zukuntt

Lieblingsessen: Burger und Pommes frites

Lieblingsgetränk: Coca Cola

Lieblingsmusik: John Cage

Lieblingslektüre: Neal Stephensons »Cryptonomicon«

Lieblingsfilme: von Akiro Kurosawa

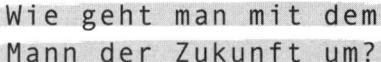

Wie geht man mit dem Mann der Zukunft um?

Diesen jungen Kollegen sollte man auf gar keinen Fall unterschätzen. Er ist weit mehr als ein Märchen-Erzähler aus Tausendundeiner Zukunftsnacht. Diejenigen Kollegen, die sich an seine Fersen heften, sind mehr als nur unterhaltungssüchtig. Sie ahnen, dass er von Dingen redet, die hinter dem Horizont schon Wirklichkeit sind.

Wer clever ist und den Kontakt mit der nachwachsenden Generation nicht verlieren möchte – das kann einem ja heute, wenn man nicht aufpasst, schon mit Anfang, Mitte dreißig passieren –, der sollte die Kommunikation mit dem Mann der Zukunft unbedingt pflegen. Vielleicht geht man nicht voll und ganz mit all seinen Ideen und Visionen konform, vieles davon ist für Ältere außerdem nicht nachvollziehbar oder sogar gänzlich unverständlich. Aber einige seiner Ausführungen scheinen bei näherer Betrachtung richtig schlau zu sein.

Also: Unbedingt im Auge behalten, diese künftige Führungskraft. Da könnten interessante Infos abfallen.

Der große
Kollegen-Test

Wenn Sie erfahren wollen, in welche Schublade Ihre Kollegin oder Ihr Kollege passt, machen Sie diesen Kollegen-Test. Beantworten Sie alle Fragen – für die jeweilige Kollegin oder den Kollegen – ehrlich und nach bestem Wissen und notieren Sie die Symbole der jeweiligen Antworten. Das am häufigsten genannte Symbol führt Sie zur kollegialen Behausung. Dort werden Sie die Grundzüge der »Kollegen-Familie« kennen lernen – und Sie können dort auch den ganz speziellen Kollegen-Typ finden. Viel Spaß!

Typen-Test für einen weiblichen Kollegen

1. Wovor haben Sie bei der Kollegin am meisten Angst?

a) Mich vor ihr zu blamieren ◆ ■

b) Vor ihrer scharfen Zunge ✖ ◆

c) Vor ihr habe ich keine Angst ● ✔

d) Davor, dass sie hinter meinem Rücken ◆ ✖
über mich herzieht

e) Dass ich sie bei meinem Friseur treffe ✖ ▼

2. Wie würden Sie die Kleidung der Kollegin beschreiben?

a) Streng, konservativ ◆ ✖

b) Sportlich, bunt ✔ ●

c) Praktisch, dezent ■ ▼

d) Modisch, flott ■ ✔

e) Zu jung, geschmacklos ■ ✖

3. Würden Sie der Kollegin ein Geheimnis anvertrauen?

a) Unbedingt ✔ ▼

b) Nur harmlose Geheimnisse ▼ ●

c) Sie kennt sowieso schon alle ▼ ■

d) Nie im Leben ◆ ✖

4. Mit welchem Problem würden Sie zu der Kollegin gehen?

a) Privatleben ✔ ●

b) Kindererziehung ▼ ✔

c) Gesundheit ● ▼

d) Bürointernes ✖ ✔

e) Gehaltserhöhung ✖ ◆

5. Wie lösen Sie Konflikte mit der Kollegin?

a) Indem wir darüber reden ✔ ●

b) Ignorieren und abwarten ■ ▼

c) Indem wir uns lauthals streiten ✘

d) Überhaupt nicht ◆

6. Glauben Sie, dass die Kollegin einmal Ihre Vorgesetzte wird?

a) Eher umgekehrt ✔ ●

b) Das wäre sie gerne, aber das klappt nie ■ ✘

c) Sie ist schon kurz davor ◆

d) Nein ▼

7. Wenn es unbedingt sein müsste, was würden Sie mit der Kollegin unternehmen?

a) Shoppen gehen ✔ ●

b) In den Fitnessclub gehen ■ ▼

c) Zum Friseur gehen ▼ ●

d) Zu einer Beerdigung gehen ◆ ✘

8. Was schätzen Sie an der Kollegin am meisten?

a) Ihre Freundlichkeit ✔ ●

b) Ihre Hilfsbereitschaft ● ▼

c) Ihre Energie ■ ▼

d) Ihre Klarheit ◆ ■

9. **Wie reagiert die Kollegin, wenn Sie sie um einen Gefallen bitten?**

   a) Sie hilft mir gerne ✔ ●

   b) Erst mal jammern, dann helfen ▼ ■

   c) Sie denkt nicht daran ◆ ✖

10. **Wenn die Kollegin ein Tier wäre, was wäre es für ein Tier?**

    a) Eine Katze ✔ ●

    b) Ein Goldfisch ▼ ●

    c) Ein Pferd ▼

    d) Ein Affe ✖ ■

    e) Ein Puma ◆ ✖

    f) Ein Grizzly ■ ▼

11. **Wie können Sie sich die Kollegin vom Leibe halten?**

    a) Mit Nichtbeachtung ▼ ●

    b) Mit Bösartigkeit ■

    c) Überhaupt nicht ◆ ✔

    d) Mit klaren Worten ✖ ●

12. **Was glauben Sie, welches Passwort hat die Kollegin auf dem Computer installiert?**

    a) »Cinderella« ◆ ●

    b) »Passwort« ✔

c) »Rtg565$rrFv« ■ ▼

d) Den Vornamen des Partners ▼ ✖

e) Den Kosenamen des Partners ● ✔

**13. Worin kennt sich die Kollegin
am besten aus?**

a) In geheimen Firmeninterna ■ ▼ ◆

b) In ihrem Arbeitsbereich ◆ ✔ ●

c) Im Privatleben der Kollegen ■ ✔

d) In Astrologie und Kosmetik ✔ ●

e) In Kochrezepten ✔ ✖

**14. Würden Sie die Kollegin privat
nach Hause einladen?**

a) Nie im Leben ◆ ✖

b) Nur zusammen mit anderen Kollegen ■ ✖

c) Wenn ich Hilfe im Haus brauche ▼ ●

d) Gerne ✔ ●

**15. Als Sie die Kollegin das erste Mal trafen,
hatten Sie spontan das Gefühl ...**

a) ... von Sympathie ✔ ▼ ●

b) ... lieber vorsichtig zu sein ■ ✖

c) ... von Distanz ■ ◆

d) ... von Interesse ▼ ✔

16. Was wäre das passende Geburtstagsgeschenk für die Kollegin?

a) Ein Messerset ◆ ✖

b) Ein Räucherstäbchenhalter ▼ ●

c) Eine Saturday-Evening-Party ✔

d) Ein Einkaufsgutschein für Unterwäsche ■ ✖

17. Könnten Sie sich vorstellen, sich von der Kollegin den verspannten Nacken massieren zu lassen?

a) Nur in Albträumen ◆ ■

b) Interessante Vorstellung ◆ ●

c) Aber gerne ▼ ●

d) Lieber andersrum ✔

18. Kann die Kollegin über sich selbst lachen, wenn einmal etwas schief geht?

a) Da geht nichts schief ◆ ✖

b) Nur leise und auf dem Klo ●

c) Ja, oft und gerne ✔

d) Nie im Leben ■

e) Höchstens schmunzeln ▼

19. Für welche Planung würden Sie Ihre Kollegin einsetzen?

a) Für eine Kücheneinrichtung ▼

b) Für eine Hochzeit ✔ ●

c) Für einen Umzug ✖

d) Für eine Verschwörung ◆ ●

e) Für die Weihnachtsfeier ■ ✔

20. Welcher Spitzname wäre für die Kollegin am passendsten?

a) Die Eiskönigin ◆

b) Dolly ■

c) Pippi ▼

d) Biene Maja ✔

e) Schneewittchen ●

f) Bibi Blocksberg ✖

21. Welcher Faktor ist bei Ihrer Kollegin am höchsten?

a) Der Klatschfaktor ◆ ✔

b) Der Verschwörungsfaktor ■ ◆

c) Der Humorfaktor ▼ ●

d) Der Aggressionsfaktor ■ ✖

e) Der Harmoniefaktor ✔ ●

22. Was verabscheuen Sie an der Kollegin am meisten?

a) Ihre Geschwätzigkeit ✔ ●

b) Ihre scharfe Zunge ■ ✖

c) Ihre Verschlossenheit ◆ ▼

d) Ihre Unzuverlässigkeit ◆ ✖

Die **häufigste** Nennung eines bestimmten Symbols führt Sie zum »Kollegen-Haus«. Bei weiblichen Kollegen ist das:

✔ Das Zuckerguss-Schlösschen

● Die Hängematte

▼ Das Hexenhäuschen

■ Die Waffenkammer

✖ Der Kakteengarten

◆ Das Verließ

Typen-Test für einen
männlichen Kollegen

1. **Wenn es unbedingt sein müsste, was würden Sie mit dem Kollegen unternehmen?**

   a) Mittagessen gehen   ✔ ●

   b) Fußball spielen   ■ ▼

   c) In die Sauna gehen   ▼ ●

   d) Einen Manager-Survivalkurs besuchen   ◈ ✖

2. **Worin kennt sich der Kollege am besten aus?**

   a) In geheimen Firmeninterna   ■ ▼ ◆

   b) In seinem Arbeitsbereich   ◈ ✔ ●

   c) Im Privatleben der Kollegen   ■ ✔

d) In Astrologie und Kosmetik ✔ ●

e) Im Witzeerzählen ✔ ✖

3. Was verabscheuen Sie an dem Kollegen am meisten?

a) Sein Mitteilungsbedürfnis ✔ ●

b) Seine große Klappe ■ ✖

c) Seine Verschlossenheit ◖ ▼

d) Seine Unzuverlässigkeit ◆ ✖

4. Wie reagiert der Kollege, wenn Sie ihn um einen Gefallen bitten?

a) Er hilft mir jederzeit ✔ ●

b) Er hilft, wenn man ihn lange genug bittet ▼ ■

c) Er hilft anderen grundsätzlich nie ◆ ✖

5. Würden Sie den Kollegen privat nach Hause einladen?

a) Nie im Leben ◖ ✖

b) Nur zusammen mit anderen Kollegen ■ ✖

c) Wenn ich Hilfe im Haus brauche ▼ ●

d) Gerne ✔ ●

6. Als Sie den Kollegen das erste Mal trafen, hatten Sie spontan das Gefühl ...

a) ... von Vertrauen ✔ ▼ ●

b) ... von Konkurrenz ■ ✖

c) … von Distanz ■ ◆

d) … von Interesse ◗ ✔

7. Wovor haben Sie bei dem Kollegen am meisten Angst?

a) Dass er mich bei einem Fehler erwischt ◈ ■

b) Vor seinen geschmacklosen Witzen ✖ ◆

c) Vor ihm habe ich keine Angst ● ✔

d) Dass er mich beim Chef anschwärzt ◆ ✖

e) Dass ich ihn in der Sauna treffe ✖ ▼

8. Wie würden Sie die Kleidung des Kollegen beschreiben?

a) Konservativ, gediegen ◆ ✖

b) Sportlich, flott ✔ ●

c) Praktisch, dezent ■ ▼

d) Schräg, modisch ◗ ✔

e) Meist völlig daneben ✔ ✖

9. Würden Sie dem Kollegen ein Geheimnis anvertrauen?

a) Jederzeit ✔ ▼

b) Nur unverfängliche Geheimnisse ▼ ●

c) Er kennt die meisten sowieso schon ▼ ■

d) Lieber nicht ◗ ✖

10. Für welche Planung würden Sie Ihren Kollegen einsetzen?

a) Für eine Expedition ▼

b) Für eine Junggesellenabschiedsparty ✔ ●

c) Für einen Mord ✖

d) Für eine Geheimdienstaktion ◈ ●

e) Für die Weihnachtsfeier ■ ✔

11. Welcher Spitzname wäre für den Kollegen am passendsten?

a) Mr. Freeze ◈

b) Kermit ■

c) Popeye ▼

d) Papa Schlumpf ✔

e) Pinocchio ●

f) Batman ✖

12. Mit welchem Problem würden Sie zu dem Kollegen gehen?

a) Privatleben ✔ ●

b) Kindererziehung ▼ ✔

c) Gesundheit ● ▼

d) Bürointernes ✖ ✔

e) Gehaltserhöhung ✖ ◆

13. Wie lösen Sie Konflikte mit dem Kollegen?

a) Indem wir darüber reden ✔ ●

b) Die lösen sich mit der Zeit von selbst ■ ▼

c) Indem wir uns lauthals streiten ✖

d) Mit ihm kann man keine Konflikte lösen ◆

14. Glauben Sie, dass der Kollege einmal Ihr Vorgesetzter wird?

a) Eher umgekehrt ✔ ●

b) Das wäre er gerne, aber das klappt nie ■ ✖

c) Er ist schon kurz davor ◆

d) Nein ▼

15. Was schätzen Sie an dem Kollegen am meisten?

a) Seine Offenheit ✔ ●

b) Seine Hilfsbereitschaft ● ▼

c) Seine Energie ■ ▼

d) Seine Klarheit (◆) ■

16. Wenn der Kollege ein Tier wäre, was wäre es für ein Tier?

a) Ein Hund ✔ ●

b) Eine Schwalbe ▼ ●

c) Ein Bison ▼

d) Ein Affe ✖ ■

e) Ein Tiger (◆) ✖

f) Ein Elefant ■ ▼

17. Wie können Sie sich den Kollegen vom Leibe halten?

a) Mit Arroganz ▼ ●

b) Mit Zynismus ■

c) Überhaupt nicht ◈ ✔

d) Mit klaren Worten ✖ ●

18. Was glauben Sie, welches Passwort hat der Kollege auf dem Computer installiert?

a) »Fusselhirn« ◆ ●

b) »Passwort« ✔

c) »Rtg565$rrFv« ■ ▼

d) Den Vornamen der Partnerin ◉ ✖

e) Den eigenen Spitznamen ● ✔

19. Welcher Faktor ist bei Ihrem Kollegen am höchsten?

a) Der Unterhaltungsfaktor ● ✔

b) Der Verschwörungsfaktor ◉ ◆

c) Der Humorfaktor ▼ ●

d) Der Aggressionsfaktor ■ ✖

e) Der Harmoniefaktor ✔ ●

20. Was wäre das passende Geburtstagsgeschenk für den Kollegen?

a) Ein Rauchmelder ◈ ✖

b) Ein Räucherstäbchenhalter ▼ ●

c) Ein feuchtfröhliches Fest ✔

d) Ein Einkaufsgutschein für den Baumarkt ■ ✖

21. Könnten Sie sich vorstellen, sich von dem Kollegen den verspannten Nacken massieren zu lassen?

   a) Nur in Albträumen   ◆   ■

   b) Interessante Vorstellung   ◈   ●

   c) Aber gerne   ▼   ●

   d) Lieber andersrum   ✔

22. Kann der Kollege über sich selbst lachen, wenn einmal etwas schiefgeht?

   a) Da geht nichts schief   ◈   ✖

   b) Nur leise und auf dem Klo   ●

   c) Ja, oft und gerne   ✔

   d) Nie im Leben   ■

   e) Höchstens schmunzeln   ▼

Die häufigste Nennung eines bestimmten Symbols führt Sie zum »Kollegen-Haus«. Bei männlichen Kollegen ist das:

✔   Das Indianerzelt   ■   Der Boxring

●   Der Hobbykeller   ✖   Die Folterkammer

▼   Die Muckibude   ◈   Die Gummizelle

Kolleginnen

Das Zuckerguss-Schlösschen

Hier ist alles lieb, nett und harmlos – auf den ersten Blick. Doch der Zuckerguss überdeckt – jeder Konditor weiß das – auf das Liebevollste manche Unebenheiten und Spitzen. Trotzdem kann man sich in diesem Kollegen-Haus wohlfühlen, man muss sich nicht ständig nach angesägten Stuhlbeinen umsehen und darf auch mal die Flügel hängen lassen. Solche Kollegen pflegen die gute Laune und sind größtenteils solidarisch. Das Klima ist angenehm, kuschelig und stark freizeitverdächtig. Sollte der harte Büroalltag doch einmal zuschlagen, kann man sich in diesem Haus gepflegt ausweinen, aussprechen und gemeinsam Kaffee trinken. Schuldzuweisungen sind selten, und wenn doch: Es war immer der Chef!

In diesem Haus wohnen vier Kolleginnen, unter denen Sie schnell die Ihre herausfinden, wenn Sie die folgenden Fragen mit JA oder NEIN beantworten. Notieren Sie sich die Ziffern, die vor den Fragen stehen, die Sie mit JA beantworten. Die häufigste Ziffer führt Sie zu Ihrem speziellen Kolleginnen-Typ. Denken Sie daran, dass Kolleginnen auch nur Menschen sind, das heißt, sie kommen oft auch als »Mischformen« vor. Zur Hälfte Betriebsnudel und zur Hälfte Gesundheitsfanatikerin. Wenn Sie einen Gleichstand bei der Auswahl Ihrer Ziffern haben, lesen Sie unter beiden Typen nach. Auflösung Seite 254.

1 Ist sie eine große Kommunikatorin, die keine Angst vor dem Chef hat, obwohl man sie nur selten am Arbeitsplatz antrifft?

3 Ist sie immer gut gelaunt, und verabscheut sie theatralische Inszenierungen und übertriebene Emotionen?

4 Wirkt sie humorlos und intolerant, aber sehr gut meinend?

1 Ist sie gesprächssüchtig und gutmütig, sentimental und anschmiegsam?

4 Entwickelt sie bei Gesundheitsfragen plötzlich enormes Interesse?

4 Gibt sie gerne ungefragt Gesundheitstipps?

2 Blendet sie Unangenehmes oft aus dem Berufsalltag aus, und hasst sie Streit?

1 Ist sie ein wandelndes Infobüro, dabei fröhlich, offen und freundlich?

2 Schenkt und feiert sie gerne?

4 Wirkt sie eher sanft und zurückhaltend, bar jeder Leidenschaft und Aggression?

3 Kennt sie Wichtigeres als die Arbeit, und erledigt sie sie trotzdem ohne zu murren?

2 Hat sie großes psychologisches Talent für die Schwächen der anderen?

4 Hasst sie Raucher, und liebt sie Luftbefeuchter?

2 Ist sie zuverlässig und hilfsbereit?

2 Erinnert ihr Wesen etwas an Zuckerwatte?

1 Hält sie andere gerne von der Arbeit ab, hat sie kesse Sprüche drauf und feiert gerne Feten?

3 Geht sie keinem auf die Nerven, und ist sie nie beleidigt?

3 Ist sie zuverlässig und selbstständig, und hat sie meist die Arbeit schon gemacht, wenn die anderen noch darüber reden?

4 Kennt sie die besten Ärzte, und hat sie die häufigsten Arzttermine im Büro?

2 Lobt sie gerne, und spricht sie auch dem Chef mal Anerkennung aus?

●

Die Hängematte

Fallenlassen und schaukeln – in dieser Abteilung kann man amüsante und hilfreiche Kolleginnen finden. Jede hat zwar ihre Ecken und Kanten, aber dafür wird es auch nie langweilig. Auch wenn manch eine von ihnen auf den ersten Blick recht brav wirkt, ist ihr Potenzial nicht zu unterschätzen: Bei Konflikten mit höheren Ebenen stehen diese Kolleginnen meist unerschütterlich zu Ihnen und entwickeln ungeahnte Durchschlagskraft.

In diesem Haus wohnen drei Kolleginnen, unter denen Sie schnell die Ihre herausfinden, wenn Sie die folgenden Fragen mit JA oder NEIN beantworten. Notieren Sie sich die Ziffern, die vor den Fragen stehen, die Sie mit JA beantworten. Die häufigste Ziffer führt Sie zu Ihrem speziellen Kolleginnen-Typ. Denken Sie daran, dass Kolleginnen auch nur Menschen sind, das heißt, sie kommen oft auch als »Mischformen« vor. Zur Hälfte Esoterikerin und zur Hälfte Seelchen. Wenn Sie einen Gleichstand bei der Auswahl Ihrer Ziffern haben, lesen Sie unter beiden Typen nach. Auflösung Seite 254.

6 Kümmert sie sich um kranke Kollegen, und organisiert sie gerne Geburtstage?

7 Lässt sie sich gerne ausnutzen?

5 Sieht sie die Welt anders als die meisten Menschen?

7 Ist sie zwar intelligent und fleißig, aber weit davon entfernt, je Karriere zu machen?

6 Ist sie vertrauensselig und leicht zu beeindrucken?

7 Ist sie pünktlich, schüchtern und bescheiden?

6 Verehrt sie ihre Chefs und bleibt doch unbeachtet?

7 Wird sie leicht übersehen, und glaubt sie, zu Recht?

5 Weiß sie alles über Astrologie, Karten, Pendel, Wiedergeburt und Karma?

6 Hat sie ein großes Herz und naive Kinderaugen?

5 Verschenkt sie gerne Heilsteine und Horoskope?

5 Wird sie von den meisten männlichen Kollegen als Spinnerin angesehen, während sie für die meisten Frauen wie ein magischer Anziehungspunkt wirkt?

7 Kennen viele in der Firma nicht einmal ihren Vornamen?

5 Rät sie gerne in Gesundheits- und Partnerschaftsfragen?

6 Schwankt sie immer zwischen Lachen und Weinen?

7 Könnte sie in einer Märchenaufführung das Dornröschen spielen?

▼

Das Hexenhäuschen

Ganz leicht sind die Bewohner dieses Kollegen-Hauses nicht, dafür vielseitig einsetzbar und unterhaltsam – wenn man gute Nerven hat. Kolleginnen aus dem Hexenhaus werden nur selten enge Freundinnen von Ihnen werden, aber sie sollten sich auf keinen Fall zu Feindinnen entwickeln. Wenn man die Eigenheiten jeder Einzelnen kennt, kann man gut mit ihr auskommen und gewinnt neue, spannende Einblicke in die weibliche Seele. Im Endeffekt ist jede Hexe auch eine weise Frau, die unglaublich viele Tricks und Zaubersprüche draufhat. Und damit kann man nicht nur Männer verhexen, sondern sich auch das Leben im Büro einfacher machen. Profitieren Sie von diesen Profis!

In diesem Haus wohnen vier Kolleginnen, unter denen Sie schnell die Ihre herausfinden, wenn Sie die folgenden Fragen mit JA oder NEIN beantworten. Notieren Sie sich die Ziffern, die vor den Fragen stehen, die Sie mit JA beantworten. Die häufigste Ziffer führt Sie zu Ihrem speziellen Kolleginnen-Typ. Denken Sie daran, dass Kolleginnen auch nur Menschen sind, das heißt, sie kommen oft auch als »Mischformen« vor. Zur

Hälfte Ehrgeizige und zur Hälfte Geheimniskrämerin. Wenn Sie einen Gleichstand bei der Auswahl Ihrer Ziffern haben, lesen Sie unter beiden Typen nach. Auflösung Seite 254.

10 Erledigt sie ihre Arbeit schnell und korrekt, aber absolut leidenschaftslos?

8 Ist sie penibel und trotzdem hilfsbereit, zurückhaltend und trotzdem freundlich?

11 Ist sie ein ideales Opfer für kurze Affären?

10 Kommt sie oft zu spät?

8 Weiß sie immer genau, wo ihre Unterlagen sind – aber auch die der Kollegen?

11 Findet man sie selten am Arbeitsplatz?

8 Hat sie eine scharfe Beobachtungsgabe und ein gutes Gedächtnis?

10 Ist ihr die Schale wichtiger als der Kern?

8 Könnte man ihre Intuition mit einem Radarschirm vergleichen?

10 Bewegt sie sich scheinbar im Inner Circle der Firma?

11 Versteht sie das Büro als großen Flirt- und Heiratsmarkt?

9 Stellt sie auf jede Frage eine Gegenfrage?

11 Ist viel Klatsch über sie im Umlauf?

9 Saugt sie auch die unwichtigste Information wie ein Staubsauger auf?

9 Haben Sie den Eindruck, sie wartet ständig darauf, dass ihre Stunde schlägt?

11 Testet sie ständig ihren erotischen Marktwert?

9 Ist sie gelitten, aber nicht gerade beliebt?

9 Gibt sie zwar Auskunft, fragt aber immer, wofür man die gerade braucht?

10 Ist sie immer hip und trendy angezogen?

11 Ist es ihr wichtiger, geliebt und begehrt zu werden als Karriere zu machen?

10 Hat sie Spaß am Name-Dropping?

11 Erleichtert sie sich die Arbeit durch Liebesdienste der männlichen Kollegen?

Die Waffenkammer

Hier geht es schon etwas gröber zu, nicht so typisch weiblich, dafür berechenbarer. In der Waffenkammer wirken lästige Wesen, die nicht nur Chefs zur Weißglut bringen können, sondern auch ihre Kolleginnen. Hier gilt der Kriegsspruch: Sie kämpft zwar in derselben Armee, aber dreh ihr trotzdem nie den Rücken zu! Auch wenn man mit einer solchen Kollegin anstrengende Zeiten erlebt, gewinnt man doch wichtige Erfahrungen – die einen stark machen für die wirklich schrecklichen Kollegen!

In diesem Haus wohnen drei Kolleginnen, unter denen Sie

schnell die Ihre herausfinden, wenn Sie die folgenden Fragen mit JA oder NEIN beantworten. Notieren Sie sich die Ziffern, die vor den Fragen stehen, die Sie mit JA beantworten. Die häufigste Ziffer führt Sie zu Ihrem speziellen Kolleginnen-Typ. Denken Sie daran, dass Kolleginnen auch nur Menschen sind, das heißt, sie kommen oft auch als »Mischformen« vor. Zur Hälfte Dozentin und zur Hälfte Atemlose. Wenn Sie einen Gleichstand bei der Auswahl Ihrer Ziffern haben, lesen Sie unter beiden Typen nach. Auflösung Seite 254.

12 Sprengt sie mit ihrer Detailverliebtheit alle Zeitrahmen?

14 Glaubt sie mit der Zeit selbst, dass alle fremden Ideen eigentlich ihre eigenen waren?

13 Sperrt sie die Augen weit auf, wenn man ihr etwas erklärt, schaltet aber innerlich gleichzeitig ab?

12 Malt sie das Leben lieber in Schwarz als in Weiß?

14 Gibt sie fremde Ideen gerne als eigene aus?

13 Kämpft sie einen aussichtslosen Kampf gegen die Technik und gegen die Zeit?

12 Druckt sie alles sicherheitshalber mehrfach aus?

12 Liebt sie das Wort »präzise«?

13 Hat sie ihre Aufgaben im Kopf, aber nicht im Griff?

13 Erinnert ihr Laufschritt mehr an Flucht als an Beeilung?

13 Hat sie so viel Angst vor Fehlern, dass sie ständig welche macht?

12 Sammelt sie Unzufriedene in der Firma um sich?

13 Ist sie so charmant atemlos, dass man sie dafür auch noch liebt?

14 Ist sie intelligent, kommunikativ, wach und reaktionsschnell?

12 Wirkt sie verbittert und schmallippig?

12 Jammert sie gerne, dass die Betriebskultur, die Arbeitsqualität und das Verantwortungsbewusstsein leiden?

14 Ist »Me too« für sie kein Schimpfwort?

12 Hasst sie das Wort »ungefähr«?

14 Verkauft sie sich so gut, dass keiner merkt, dass sie nur mit Kopien handelt?

Der Kakteengarten

Anstrengend, aber lehrreich. Wer solche Kolleginnen hat, wird mit der Zeit unverwundbar – oder er kündigt. Typisch für den Kakteengarten ist, dass man jede Sekunde auf der Hut sein muss, sonst kann man sich an einem der Stacheln schmerzhaft verletzen – und manche von ihnen sind sogar vergiftet! Aber der ständige Zickzack-Kurs im Parcours der Nervensägen hält wach und weckt die Widerstandsgeister.

In diesem Haus wohnen drei Kolleginnen, unter denen Sie schnell die Ihre herausfinden, wenn Sie die folgenden Fragen mit JA oder NEIN beantworten. Notieren Sie sich die Ziffern, die vor den Fragen stehen, die Sie mit JA beantworten. Die häufigste Ziffer führt Sie zu Ihrem speziellen Kolleginnen-Typ. Denken Sie daran, dass Kolleginnen auch nur Menschen sind, das heißt, sie kommen oft auch als »Mischformen« vor. Zur Hälfte Zicke und zur Hälfte Beißzange. Wenn Sie einen Gleichstand bei der Auswahl Ihrer Ziffern haben, lesen Sie unter beiden Typen nach. Auflösung Seite 254.

16 Schwankt ihre Psyche regelmäßig zwischen depressiv und cholerisch?

15 Ist ihre Haltung aufrecht und gespannt?

17 Tritt sie tatkräftig und innovativ auf?

15 Hat sie schmale Lippen?

16 Braucht sie keinen Anlass für schlechte Laune?

15 Ist sie penibel, genau und tüchtig?

16 Vermutet man unter ihrer ganz harten Schale einen ganz weichen Kern?

15 Hat sie eine eher konservative Einstellung?

15 Will sie immer zu denen da oben gehören?

16 Ist Höflichkeit ein Fremdwort für sie?

16 Ist sie im Normalzustand grantig – und giftig, wenn sie gereizt wird?

17 Liebt sie Probleme?

17 Glaubt sie allen helfen zu können – nur sich selber nicht?

15 Weiß sie alles besser und findet sie, dass das Leben kein Zuckerschlecken ist?

16 Ist sie tüchtig, leidet aber an der »modernen Oberflächlichkeit«?

17 Lebt sie im Chaos und gibt trotzdem ständig Organisationstipps?

15 Geht sie mit der Macht ihrer Vorgesetzten so um als wäre es ihre eigene?

17 Prahlt sie gerne und geht allen auf die Nerven?

Das Verlies

Hier arbeitet man nicht gerne, und wer unter solchen Kolleginnen malocht, darf seine Stellung durchaus als Strafe verstehen. Chefs lieben solche Gefängniswärterinnen (auf den Galeeren waren es die Takttrommler), denn sie nehmen ihnen die ganze Arbeit der Disziplinierung ab. Und verglichen mit den Kolleginnen aus dem Verlies steht auch der schlimmste Chef noch als strahlender Held da. Die Damen im Verlies sind nicht nur anstrengend, sie sind auch gefährlich.

In diesem Haus wohnen drei Kolleginnen, unter denen Sie schnell die Ihre herausfinden, wenn Sie die folgenden Fragen mit JA oder NEIN beantworten. Notieren Sie sich die Ziffern, die vor den Fragen stehen, die Sie mit JA beantworten. Die häufigste Ziffer führt Sie zu Ihrem speziellen Kolleginnen-Typ. Denken Sie daran, dass sogar solche Kolleginnen auch nur Menschen sind, das heißt, sie kommen oft auch als »Mischformen« vor. Zur Hälfte Petze und zur Hälfte Intrigantin. Wenn Sie einen Gleichstand bei der Auswahl Ihrer Ziffern haben, lesen Sie unter beiden Typen nach. Auflösung Seite 254.

18 Ist sie wohl organisiert und entspannt – wenn das Klima in der Firma ruhig ist?

19 Gibt sie »aus Versehen« mal falsche Telefonnummern und falsche Termine weiter?

20 Fühlt sie sich oft ungerecht behandelt und läuft schnell zum Betriebsrat oder zum Chef?

18 Segelt sie locker bei schönem Wetter, wird aber beim ersten Sturm zur Furie?

19 Kommt sie auch am Wochenende in die Firma – aber nur um zu schnüffeln?

18 Erinnert ihre Ruhe meist an einen Eisberg?

20 Hält sie sich selbst für rechtschaffen, und will sie nur die Ordnung im Betrieb aufrechterhalten?

18 Kommt sie zu Verabredungen oft zu früh und will alles im Griff haben?

18 Ist sie meist überarbeitet, weil sie alles selber macht, und kann sie nur schlecht delegieren?

19 Führt sie gerne teure Auslandsgespräche vom Apparat eines Kollegen?

19 Umgarnt sie neue Kollegen mit süßer Freundlichkeit?

18 Könnte ihr Kompass die Angst sein?

20 Arbeitet sie wenig und meist schlampig?

19 Weidet sie sich am Unglück anderer?

20 Sucht sie die Schuld bei Fehlern immer bei Kollegen und sagt das auch den Vorgesetzten?

18 Trommelt sie gerne nervös mit den Fingern?

20 Wechselt sie ihre Standpunkte nach Belieben?

19 Ist sie ein präzises Arbeitstier, von den Vorgesetzten geschätzt?

Kollegen

Das Indianerzelt

Hier spielen die nettesten Buben, hier fühlen sie sich zu Hause, hier sind sie kleine Abenteurer – hier dürfen sie den besten Anteil des Mannes ungehemmt ausspielen: seine Kindlichkeit. Kollegen im Indianerzelt sind angenehme Zeitgenossen, nette und harmlose Jungs. Sie plustern sich zwar schwer auf in ihren verschiedenen Rollen, aber eigentlich hat man eher das Gefühl, bei einer Karnevalssitzung zu sein als in einem Büro. Man hält eisern zusammen, denn der Indianer weiß: Schuld ist immer der Häuptling!

In diesem Haus wohnen drei Kollegen, unter denen Sie schnell den Ihren herausfinden, wenn Sie die folgenden Fragen mit JA oder NEIN beantworten. Notieren Sie sich die Ziffern, die hinter den Fragen stehen, die Sie mit JA beantworten. Die häufigste Ziffer führt Sie zu Ihrem speziellen Kollegen-Typ. Denken Sie daran, dass Kollegen auch nur Menschen sind, das heißt, sie kommen oft auch als »Mischformen« vor. Zur Hälfte Sportlicher und zur Hälfte Macho. Wenn Sie einen Gleichstand bei der Auswahl Ihrer Ziffern haben, lesen Sie unter beiden Typen nach. Auflösung Seite 254.

21 Ist er ein naturverbundener Mensch?

23 Ist er chaotisch, aber liebenswert?

23 Weiß er um Dinge, von denn die meisten in seiner Abteilung nicht einmal träumen?

21 Liebt er jede Form der Rationalisierung?

21 Beneiden ihn die meisten Kollegen um seine Figur und Fitness?

21 Bewundern ihn Kolleginnen wegen seiner natürlichen Ausstrahlung?

22 Verschwendet er keine Mühe auf politische Korrektheit?

22 Hält er Gleichberechtigung immer noch für eine kurzfristige Verirrung der Geschichte?

21 Hält er sich von Alkohol und Zigaretten fern?

22 Kommen Männer gut mit ihm aus, Frauen eher nicht?

22 Hat er einen Hang zur verbalen Grobheit?

23 Nimmt man zuerst mit ihm Kontakt auf, wenn die Internetverbindung rettungslos gestört ist?

23 Kennt er alle neuen Anglizismen?

22 Schafft er es locker, Frauen gegeneinander auszuspielen?

21 Kennt er alle neuen Diät- und Fitness-Tipps?

23 Macht er sich lustig über Kollegen, die noch mit der Schreibmaschine schreiben?

●

Der Hobbykeller

Hier kann der Kollege ganz Mann sein, hier finden sich die offiziellen Insignien seiner Männlichkeit: Drehbank, Akkuschrauber und Bohrmaschine. Und wenn Sie ihn auch ganz Mann sein lassen, werden Sie vorzügliche Kollegen im Hobbykeller finden: hilfreich und amüsant, anregend und sexy. Herbe, doch geradlinige Gentlemen, die anderen Männern gegenüber solidarisch sind und Kolleginnen in Not über jede Pfütze tragen.

In diesem Haus wohnen vier Kollegen, unter denen Sie schnell den Ihren herausfinden, wenn Sie die folgenden Fragen mit JA oder NEIN beantworten. Notieren Sie sich die Ziffern, die vor den Fragen stehen, die Sie mit JA beantworten. Die häufigste Ziffer führt Sie zu Ihrem speziellen Kollegen-Typ. Denken

241

Sie daran, dass Kollegen auch nur Menschen sind, das heißt, sie kommen oft auch als »Mischformen« vor. Zur Hälfte Karrierist und zur Hälfte Zyniker. Wenn Sie einen Gleichstand bei der Auswahl Ihrer Ziffern haben, lesen Sie unter beiden Typen nach. Auflösung Seite 254.

24 Liebt er amerikanische Wortschöpfungen, die enorm schick, aber ebenso undurchsichtig sind?

27 Sind ihm Gesundheitsfanatiker ein Gräuel?

25 Kann er sich aus fast jeder prekären Situation herausreden?

26 Müssen Sie bei seinen Witzen manchmal den Kopf schütteln?

27 Bildet er sich ständig Krankheiten ein?

24 Kann er aus den geistigen Abfallprodukten anderer Gold spinnen?

27 Fällt er oft auf seine eigenen negativen Prophezeiungen herein?

24 Kennt er die Firma in- und auswendig – jedenfalls ihre Zahlen?

24 Schreibt er keine Texte, die länger als 20 Zeilen sind?

27 Verdient er sich in der Firma nur das Geld für seine Krankenkasse?

25 Verfügt er über einen trainierten Geschmack?

25 Liebt er Firmenklatsch?

25 Besucht er Betriebsfeiern meist mit gemischten Gefühlen?

25 Riecht er gut?

26 Fürchten ihn manche Kollegen in der Abteilung?

26 Ist er ein kreativer und eloquenter Mann?

26 Gehört zu seinen Hassworten »Political Correctness«?

26 Ist er ein begehrter Gesprächspartner?

26 Hat er einen exzellenten Geschmack bei Geschenken?

24 Ist er lächelnd und jovial immer auf dem Weg nach oben?

24 Ist er fleißig, hilfsbereit und an allem interessiert?

25 Kann er gut flirten?

26 Verbirgt er sein goldenes Herz hinter Stacheldraht?

27 Scheint für ihn die ganze Welt mit tödlichen Krankheiten nur auf ihn zu lauern?

Die Muckibude

Hier riecht es – natürlich nur im übertragenen Sinne – immer etwas nach kaltem Schweiß. Kollegen aus dieser Abteilung sind Schwerarbeiter, und genau das ist auch das Gute an ihnen. Man kann sie getrost für sich einsetzen, dann jedenfalls, wenn man ihre Schwerarbeiterseele erkennt und richtig streichelt. Männer finden in diesen Kollegen hilfreiche Kumpel, wenn sie sie richtig anpacken – Frauen ausdauernde Ackergäule, die ihnen nicht nur Akten hinterherschleppen, sondern sogar die Pflanzen gießen.

In diesem Haus wohnen vier Kollegen, unter denen Sie schnell den Ihren herausfinden, wenn Sie die folgenden Fragen mit JA oder NEIN beantworten. Notieren Sie sich die Ziffern, die vor den Fragen stehen, die Sie mit JA beantworten. Die häufigste Ziffer führt Sie zu Ihrem speziellen Kollegen-Typ. Denken Sie daran, dass Kollegen auch nur Menschen sind, das heißt, sie kommen oft auch als »Mischformen« vor. Zur Hälfte Schweiger und zur Hälfte Planer. Wenn Sie einen Gleichstand bei der Auswahl Ihrer Ziffern haben, lesen Sie unter beiden Typen nach. Auflösung Seite 254.

29 Haben Sie manchmal das Gefühl, der Kollege würde den Arbeitsablauf in der Abteilung verzögern?

30 Erinnert sein Büro an eine Müllhalde?

28 Hält er sich selbst für einen brillanten, messerscharfen Analytiker?

30 Scheint er außer seiner Arbeit keine anderen Interessen im Leben zu haben?

31 Findet er, ein Rasenmäher ist ein soziales Werkzeug?

28 Hat er ein konservatives Auftreten und eine beeindruckende Statur?

29 Wirkt er oft nervös?

30 Ist er unfähig zu delegieren?

28 Ist Ihnen seine Art, lange und konzentriert zuzuhören, manchmal unangenehm?

28 Pflegt er einen besonders trockenen Sarkasmus?

30 Hält er sich für einen großartigen Organisator?

30 Kann er schlecht nein sagen?

31 Rechnet er heimlich nach, was jeder seiner Kollegen der Firma sparen würde, wenn man ihn entließe?

31 Entwickelt er neue Richtlinien für den Einkauf von Büromaterial?

28 Könnten Sie ihn sich als Beisitzer vor Gericht vorstellen?

28 Tritt er Vorgesetzten gelassen und auf gleicher Augenhöhe gegenüber?

29 Malt er sich jeden Morgen eine neue Check-Liste?

29 Wirkt er oft wie das gute Gewissen eines Teams?

29 Bewundern Sie seine Genauigkeit und Präzision?

30 Übernachtet er auch schon mal in der Firma?

30 Hat er die meisten Überstunden in der Abteilung?

31 Interessiert ihn nur das, was »hinten rauskommt«?

29 Liebt er Flip-Charts, auf denen er mit Vorliebe Organigramme malt?

31 Liebt er Themen wie Qualitätssicherung und Imagefragen über alles?

Der Boxring

Der Aufenthalt in dieser Kollegenabteilung ist anstrengend. Man lernt zwar viel über männliche Machtstrukturen, aber ebenso viel über Ohnmacht und sinnlos verpulverte Energie. Kollegen im Boxring sind lästig, aber berechenbar. Lassen Sie sich nicht mit ihnen auf einen Schlagabtausch ein, sondern pendeln Sie die Schläge geschickt aus, tanzen Sie sie schwindelig und behalten Sie die Deckung oben. Ganz so wie Muhammad Ali, der King im Ring, einmal sagte: »Float like a butterfly, sting like a bee.«

In diesem Haus wohnen drei Kollegen, unter denen Sie schnell den Ihren herausfinden, wenn Sie die folgenden Fragen mit JA oder NEIN beantworten. Notieren Sie sich die Ziffern, die vor den Fragen stehen, die Sie mit JA beantworten. Die häufigste Ziffer führt Sie zu Ihrem speziellen Kollegen-Typ. Denken Sie daran, dass Kollegen auch nur Menschen sind, das heißt, sie kommen oft auch als »Mischformen« vor. Zur Hälfte Weichei und zur Hälfte Wichtigtuer. Wenn Sie einen Gleichstand bei der Auswahl Ihrer Ziffern haben, lesen Sie unter beiden Typen nach. Auflösung Seite 254.

33 Vermisst er das gute alte Durchschlagpapier?

34 Hat er ein sehnsüchtiges Verhältnis zur Macht?

32 Sind seine Standpunkte stetem Wechsel unterworfen?

33 Sammelt er wie ein Eichhörnchen Fakten und Notizen?

34 Ist »Name-Dropping« eines seiner Hobbys?

32 Wirkt er eher feige auf Sie?

32 Kann man gut die Schuld auf ihn schieben?

34 Liebt er es, anderen Rätsel über seine Person aufzugeben?

34 Ist es sein größter Wunsch, von allen Kollegen respektiert zu werden?

32 Wird er jeden Karrieresprung verpatzen?

33 Scheint er ständig seine Hände in Unschuld zu waschen?

34 Versteht er sich auf eindrucksvolle Inszenierungen?

32 Will er nur möglichst unbehelligt seine Arbeit tun?

33 Haben Sie das Gefühl, dass er zwischen wichtig und unwichtig nicht unterscheiden kann?

33 Liebt er Protokolle über alles?

34 Erweckt er unter Kollegen den Eindruck, er hätte beste Kontakte zu Prominenten?

Die Folterkammer

Ungemütlich, aber lehrreich. Jeder sollte mal einen Kollegen aus diesem unterirdischen Refugium haben – oder besser: gehabt haben. Denn allzu lange wird man keinen Kollegen aus der Folterkammer ertragen, vor allem nicht zusammen im selben

Raum. Wer lebt schließlich freiwillig jahrelang in einem solchen Ambiente? Sie haben es erfasst: nur Folterknechte!

In diesem Haus wohnen drei Kollegen, unter denen Sie schnell den Ihren herausfinden, wenn Sie die folgenden Fragen mit JA oder NEIN beantworten. Notieren Sie sich die Ziffern, die vor den Fragen stehen, die Sie mit JA beantworten. Die häufigste Ziffer führt Sie zu Ihrem speziellen Kollegen-Typ. Denken Sie daran, dass Kollegen auch nur Menschen sind, das heißt, sie kommen oft auch als »Mischformen« vor. Zur Hälfte Blödler und zur Hälfte Choleriker. Wenn Sie einen Gleichstand bei der Auswahl Ihrer Ziffern haben, lesen Sie unter beiden Typen nach. Auflösung Seite 254.

35 Schafft er es, in jedes Fettnäpfchen zu treten?

35 Verbreitet er schon am Morgen mit Vorliebe erst einmal Hektik im Büro?

36 Fürchtet man ihn, je weiter man von ihm entfernt ist – und mag man ihn, ja näher man ihm kommt?

36 Lieber er Konfrontationen?

37 Sind Wüten und Toben seine heimlichen Hobbys?

36 Setzt er sich clever über alle Skrupel hinweg?

36 Kann er gut delegieren?

37 Ist er ein Perfektionist?

35 Gelingt es ihm, bei verkrampften Konferenzen die Atmosphäre aufzulockern?

36 Kämpft er mit offenem Visier?

37 Wird er nur bleiben, wenn er einmal der Chef wird?

37 Hat er Ähnlichkeit mit dem legendären HB-Männchen?

37 Erinnert er Sie manchmal an einen Manisch-Depressiven?

35 Ist er unzuverlässig, und vermeidet er es, Verantwortung zu übernehmen?

36 Kann er gut austeilen, aber schlecht einstecken?

35 Halten ihn viele – vor allem er sich selbst – für einen begnadeten Alleinunterhalter?

36 Ist er aktiv und äußerst entschlussfreudig?

37 Kann er in Sekunden von null auf hundert beschleunigen?

35 Gehen Ihnen seine Witze manchmal auf die Nerven?

Die Gummizelle

Hier droht echte Gefahr. Entweder an Langeweile einzugehen oder an Sprunghaftigkeit verrückt zu werden. Kollegen aus der Gummizelle sollten schnellstens Chefs werden – und dann in eine andere Stadt versetzt.

In diesem Haus wohnen drei Kollegen, unter denen Sie schnell den Ihren herausfinden, wenn Sie die folgenden Fragen mit JA oder NEIN beantworten. Notieren Sie sich die Ziffern, die vor den Fragen stehen, die Sie mit JA beantworten. Die häufigste Ziffer führt Sie zu Ihrem speziellen Kollegen-Typ. Denken

Sie daran, dass sogar solche Kollegen auch nur Menschen sind, das heißt, sie kommen oft auch als »Mischformen« vor. Zur Hälfte Schleimer und zur Hälfte Langweiler. Wenn Sie einen Gleichstand bei der Auswahl Ihrer Ziffern haben, lesen Sie unter beiden Typen nach. Auflösung Seite 254.

38 Weiß man bei ihm nie, woran man gerade ist?

39 Gehen Sie Unterhaltungen mit ihm lieber aus dem Weg?

40 Bringt er seine eigenen Großtaten gerne in Zusammenhang mit denen der Geschäftsleitung?

38 Sind seine bevorzugten Werkzeuge Zuckerbrot und Peitsche?

38 Fürchten Sie seine bissigen Bemerkungen?

40 Ist er ebenso fleißig wie beflissen?

39 Halten Sie ihn für einen sentimentalen Romantiker?

38 Ist er alles, nur kein guter Motivator?

39 Fühlen Sie sich nach einem Gespräch mit ihm oft müde und ausgelaugt?

39 Ist er mit einer geduldigen Ausdauer gesegnet?

40 Begegnet man ihm gerne mit kühler Nichtbeachtung?

38 Verunsichert Sie dieser Kollege des Öfteren?

39 Ist er ein fleißiger und zäher Arbeiter?

40 Spricht er oft bewundernd von seinen Vorgesetzten?

38 Wechseln seine Launen im Minutentakt?

40 Vermeiden Sie es tunlichst, alleine mit ihm in einem Zimmer zu bleiben?

39 Ist er eitel, scheut aber trotzdem das Rampenlicht?

40 Misstrauen Sie ihm manchmal?

Auflösung der Kollegen-Typen

1: Die Betriebsnudel

2: Die Schmeichlerin

3: Die Pflegeleichte

4: Die Gesundheitsfanatikerin

5: Die Esoterikerin

6: Das Seelchen

7: Die graue Maus

8: Die Ehrgeizige

9: Die Geheimniskrämerin

10: Die Angeberin

11: Die Liebessüchtige

12: Die Dozentin

13: Die Atemlose

14: Die Ideen-Diebin

15: Die Zicke

16: Die Beißzange

17: Die Klugscheißerin

18: Die Hysterische

19: Die Intrigantin

20: Die Petze

21: Der Sportliche

22: Der Macho

23: Der Mann der Zukunft

24: Der Karrierist

25: Der Weiberheld

26: Der Zyniker

27: Der Hypochonder

28: Der Schweiger

29: Der Planer

30: Der Lastenträger

31: Der Rationalisierer

32: Das Weichei

33: Der Rückversicherer

34: Der Wichtigtuer

35: Der Blödler

36: Der Rambo

37: Der Choleriker

38: Der Launenhafte

39: Der Langweiler

40: Der Schleimer

Überleben im Job!

Margit Schönberger
**Mein Chef ist
ein Arschloch,
Ihrer auch?**
Ein Überlebenstraining

Mit großem Cheftest

16649

Mosaik bei
GOLDMANN

Erfolgreich im Job

16774

16612

Tierisch erfolgreich

16730

16704

16578